XINNENGYUAN QICHE
BAOXIAN YU
LIPEI

新能源汽车
保险与理赔

魏然 华振 吕鹏伟 主编

化学工业出版社

·北京·

内容简介

本书共设7个章节，涵盖了保险基础知识、新能源汽车基础知识、新能源汽车保险产品与承保实务、新能源汽车保险理赔实务、新能源汽车事故查勘与定损、新能源汽车事故案例解析及新能源汽车保险欺诈与识别的内容。

本书编撰团队有高等院校的教师，也有新能源汽车检测和维修行业的高级技师，还有专业保险理赔自媒体成员。本书在整合主要财险公司理赔流程的基础上，提炼共性内容，贴近实务操作。

本书既可以作为汽车、保险相关专业的学生学习新能源汽车保险知识的教材，也可以作为财险公司承保和理赔部门员工了解和研究新能源汽车保险、提升查勘定损能力的学习材料。同时，本书还可供广大新能源汽车维修检测行业从业者、车辆鉴定行业从业者及公估人员参考使用。

图书在版编目（CIP）数据

新能源汽车保险与理赔 / 魏然，华振，吕鹏伟主编
. 一 北京：化学工业出版社，2023.11
　ISBN 978-7-122-44073-0

Ⅰ.①新… Ⅱ.①魏… ②华… ③吕… Ⅲ.①新能源－汽车保险－理赔－中国 Ⅳ.①F842.634

中国国家版本馆CIP数据核字（2023）第161391号

责任编辑：张海丽
文字编辑：郑云海
责任校对：边　涛
装帧设计：刘丽华

出版发行：化学工业出版社
　　　　　（北京市东城区青年湖南街13号　邮政编码100011）
印　　装：大厂聚鑫印刷有限责任公司
710mm×1000mm　1/16　印张15¾　字数230千字
2024年1月北京第1版第1次印刷

购书咨询：010-64518888　　　售后服务：010-64518899
网　　址：http://www.cip.com.cn
凡购买本书，如有缺损质量问题，本社销售中心负责调换。

定　　价：89.00元　　　　　　　　　　　版权所有　违者必究

《新能源汽车保险与理赔》编委会

主　编：魏　然　　华　振　　吕鹏伟

参　编：赵长利　　钟　亮　　王　东
　　　　华　川　　张永忠

前言

我国新能源汽车销量逐年增加，所占市场份额日益加大，再加上国家的利好政策，加速了我国新能源汽车进一步发展。截至2023年9月底，全国新能源汽车保有量达1821万辆，占汽车总量的5.5%。2023年前三季度，全国新注册登记新能源汽车519.8万辆，呈高速增长态势。

随着新能源汽车进入市场并快速地发展，新能源汽车的一些问题也逐渐凸显出来，其中新能源汽车保险赔付高、理赔难的问题尤为突出。新能源汽车与传统燃油汽车相比，在动力系统、成本、性能、维修等方面都有着较大的差异，所以相应的风险和风险成本也有较大的转变。目前，各家财险公司理赔队伍、作业经验和制度流程大部分基于传统燃油车理赔实务，缺乏针对新能源汽车这一新兴事物的专业查勘定损技能。一旦新能源汽车发生事故，保险公司无法对新能源汽车的风险进行有效的评估，会出现责任不清、保险理赔难度大的问题。

本书结合中国保险行业协会及各地方协会下发的《新能源汽车查勘定损实务规范》，针对保险行业目前在新能源汽车保险事故查勘定损工作中遇到的问题，重新梳理了新能源汽车保险承保理赔相关的知识点，重点介绍了新能源汽车的车辆构造、承保理赔实务、新能源汽车查勘定损流程和规范，重点介绍了碰撞事故、拖底事故、水淹事故以及火灾事故等不同事故类型的现场查勘、车辆定损等理赔环节，提出了具体的操作步骤与注意事项。同时，书中对新能源汽车存在的保险欺诈问题也进行了讲解和分析，力求以图文并茂、通俗易懂的形式，让本书成为广大车险理赔人员及车辆损失评估人员日常实务操作的指导工具书。

本书由魏然、华振、吕鹏伟担任主编。第1章由山东交通学院赵长利编写，第2章由山东交通学院吕鹏伟编写，第3、4、7章由保险理赔自媒体A6工作室魏然、张永忠编写，第5、6章由山东优快保新能源汽车有限公司华振、钟亮、王东、华川编写。

本书在编写过程中得到了来自各方面的领导及专家们的鼎力相助，在此一并感谢。由于编写人员知识的局限性，书中观点难免存在不妥之处，欢迎读者指出，我们将会及时更正。

编　者

目 录

第1章 保险基础知识

1.1 风险基础 001
- 1.1.1 风险的概念 001
- 1.1.2 风险的特征 002
- 1.1.3 风险的要素 003
- 1.1.4 风险的分类 004
- 1.1.5 风险的管理 005
- 1.1.6 可保风险 007

1.2 保险基础 008
- 1.2.1 保险概念 008
- 1.2.2 保险要素 009
- 1.2.3 保险分类 011
- 1.2.4 保险职能 013
- 1.2.5 保险监管 014
- 1.2.6 保险市场 015

1.3 汽车保险基础 017
- 1.3.1 汽车保险的概念 017
- 1.3.2 汽车保险的作用 018
- 1.3.3 汽车保险的特点 018
- 1.3.4 汽车保险发展简史 023
- 1.3.5 我国汽车保险市场现状 025

第2章 新能源汽车基础知识

2.1 新能源汽车的分类 028
- 2.1.1 纯电动汽车 029

| 2.1.2 | 混合动力汽车 | 030 |
| 2.1.3 | 燃料电池汽车 | 032 |

2.2 新能源汽车的主要部件及构造 ... 033
2.2.1	动力蓄电池包	033
2.2.2	驱动电机	037
2.2.3	电机控制器	041
2.2.4	电源变换器	045
2.2.5	高压配电单元	047
2.2.6	车载充电机	048
2.2.7	整车控制器	050
2.2.8	T-box 车载终端	052

2.3 高压部件工作流程 ... 053
| 2.3.1 | 充电过程 | 053 |
| 2.3.2 | 行驶过程 | 056 |

第3章 新能源汽车保险产品与承保实务

3.1 机动车交通事故责任强制保险 ... 074
3.1.1	赔付责任及免责范围	076
3.1.2	投保人应履行的义务	077
3.1.3	交强险保险人承保实务	078

3.2 新能源汽车商业保险 ... 086
3.2.1	新能源汽车商业保险产品介绍	086
3.2.2	新能源汽车商业保险与机动车综合商业保险差异	086
3.2.3	新能源汽车保险投保建议	090
3.2.4	新能源汽车保险投保流程	092
3.2.5	保险人承保实务	094

第4章 新能源汽车保险理赔实务

4.1 交强险理赔实务规程 ... 104
| 4.1.1 | 接报案和理赔受理 | 104 |

4.1.2	查勘和定损	105
4.1.3	垫付和追偿	105
4.1.4	抢救费用支付	106
4.1.5	赔偿处理	107
4.1.6	特殊案件处理	112
4.1.7	支付赔款	113
4.1.8	直接向受害人支付赔款的赔偿处理	115
4.1.9	结案和归档	115

4.2 新能源汽车商业保险理赔实务 ... 116

4.2.1	接报案	116
4.2.2	调度	117
4.2.3	查勘	118
4.2.4	立案	122
4.2.5	定损	122
4.2.6	核价核损	125
4.2.7	人伤案件处理	125
4.2.8	资料收集	126
4.2.9	理算	127
4.2.10	核赔	142
4.2.11	拒赔案件	142
4.2.12	赔款支付	143
4.2.13	结案归档	143
4.2.14	增值服务	144

第5章 新能源汽车事故查勘与定损

5.1 保险理赔车险查勘 ... 145

| 5.1.1 | 车辆查勘环节与注意事项 | 145 |
| 5.1.2 | 新能源汽车查勘要点 | 151 |

5.2 新能源汽车事故的定损流程 ... 162

5.2.1	传统车辆定损流程及注意事项	162
5.2.2	新能源动力电池定损	170
5.2.3	新能源汽车充电口定损	180
5.2.4	高压线束定损	182
5.2.5	其他高压模块定损	184

第6章　新能源汽车事故案例解析

6.1　大捷龙事故案例 188
6.2　长城/Wey混动车辆进水事故案例 196
6.3　"虚构"拖底事故案例 202
6.4　五菱mini电池修复案例 205
6.5　吉利几何新能源高压故障定损案例 206

第7章　新能源汽车保险欺诈与识别

7.1　汽车保险欺诈相关概念 214
　7.1.1　保险欺诈的定义 215
　7.1.2　汽车保险欺诈来源 216
7.2　车险反欺诈发展历程 218
　7.2.1　冰封期 218
　7.2.2　萌芽期 219
　7.2.3　成熟期 219
7.3　车险欺诈现状 220
　7.3.1　车险欺诈大案化 220
　7.3.2　车险欺诈团伙化 221
　7.3.3　车险欺诈隐蔽化 221
7.4　车险欺诈类型 222
　7.4.1　蓄谋已久型 223
　7.4.2　临时起意型 224
　7.4.3　事后多贪型 225
7.5　保险反欺诈识别技术的发展 226
　7.5.1　识别保险欺诈方法 226
　7.5.2　保险反欺诈科技的演变 227
　7.5.3　保险反欺诈模型介绍 228
　7.5.4　保险反欺诈规则引擎介绍 231
　7.5.5　保险反欺诈SNA社交网络介绍 232
7.6　新能源汽车数据反欺诈应用 235

参考文献

第 1 章
保险基础知识

1.1 风险基础

"天有不测风云,人有旦夕祸福",现实生活中存在许多风险,时刻危害着人们的生命和财产安全。为规避风险、保护自我,人们已经想出了多种举措进行风险管理,如对风险事故采取预防措施、发生事故后采取减损措施、购买人身和财产保险等。其中,购买保险是一种比较简单、便于计算成本的风险管理方法。保险在现实生活中充分发挥了稳定社会生产、生活的作用。

无风险则无保险,风险的客观存在是保险产生与发展的自然基础。因此,保险的学习和研究应从了解风险入手。

1.1.1 风险的概念

保险理论中的风险,通常是指损害发生的不确定性,包括三层含义:

一,风险是一种随机事件,有可能发生,也有可能不发生。

二,风险一旦发生,其结果是损失,而不可能是获利。

三,风险事件发生所造成的损失是不确定的,可能大也可能小;有些风险事件发生损失的结果是必然的,但其发生的时间不确定,可能早也可能晚。

1.1.2 风险的特征

(1) 客观性

风险独立于人的意识之外客观存在，不以人的意志为转移。例如，自然界的地震、台风、洪水、人类社会的瘟疫、战争、意外事故等，无论人们是否意识到，它们都一直存在。正是由于风险的存在具有客观性，所以保险的产生和发展才有其必要性。

不过人们通过对风险事件长期大量的观察，已经了解了许多风险的存在方式、发生规律等，从而可在一定时间和空间内改变风险存在和发生的条件，降低风险发生频率和损失幅度，使风险得到一定程度的控制。

(2) 损失性

风险与人们的利益密切相关，其发生后果是损失，表现为人们经济利益的减少。财产损失的经济利益可以用货币直接进行衡量，而人身损害的经济利益一般表现为收入的减少或支出的增多。保险的作用就是对损失的经济利益进行补偿。

(3) 不确定性

风险总体表现为客观存在，但对风险个体来说是一种随机现象，其发生与否、发生时间早晚、发生地点在哪儿、损失数量多少、由谁承担损失等都表现为不确定性。

(4) 可测性

个别风险的发生是偶然的，但人们根据以往发生的一系列类似事件的统计资料，运用概率统计的方法，可对某类风险进行预测、衡量与评估，这体现了风险总体的可测性。风险的可测性，为风险的可经营性奠定了基础。

(5) 发展性

风险并不是一成不变的，在一定条件下是会发展变化的。尤其是随着人类生产范围的扩大、经济交往的增强、科学技术的发展，风险呈现出空间范围扩大、损失数额增加、风险性质改变、新风险不断出现等变化趋势。

(6) 普遍性

风险是无处不在、无时不有的。古代社会有风险，现代社会也有风险；国外有风险，国内也有风险；大到国家，小到个人，都面临着各种各样的风险，因此风险具有普遍性。风险的普遍性决定了保险需求的普遍性。

（7）社会性

风险是一个社会范畴的概念，社会由人构成。只有风险给人们的生命和财产造成损害时，才称其为风险，否则只是一种普通的自然现象。

1.1.3 风险的要素

风险一般由风险因素、风险事故、风险损失三要素构成，它们相互作用，共同决定了风险的存在、发展和变化。

（1）风险因素

风险因素是指引起和促使风险事故发生及风险事故发生时致使损失增加、扩大的条件。可见，风险因素是针对产生或增加损失频率和损失程度而言的。例如，对汽车来说，风险因素是汽车技术状况与驾驶人员素质和技术等。

风险因素通常分为实质风险因素、道德风险因素和心理风险因素三种类型。

实质风险因素，也称物质风险因素，是指有形的并能直接影响事件的物理功能的风险因素。例如，汽车主机厂家生产的制动系统、转向系统，维修企业使用的汽车零配件的质量，均是实质风险因素。

道德风险因素，是指与人的品行修养有关的无形因素，侧重于人的恶意行为或故意行为。例如，保险诈骗、焚烧汽车、故意撞车等，均属道德风险因素。

心理风险因素，是指与人的心理状态有关的无形因素，侧重于人的疏忽或过失行为。例如，人的疏忽导致失火、驾驶时的判断过失导致交通事故等，均属心理风险因素。

道德风险因素和心理风险因素均与人有关，这两类风险可合称为人为风险因素。

（2）风险事故

风险事故指可能引起人身伤亡或财产损失的偶然事件，是造成风险损失直接的、外在的原因。

区分风险因素和风险事故对确定保险责任有着重要意义。只有当风险事故为保险责任时，所造成的损失才能获得保险赔偿。二者的区别是：风险因素是损失的间接原因，风险事故是损失的媒介物，二者的区分有时并不是绝对的，判定的标准就是看是否直接引起损失。例如，暴雨冲走车辆，则暴雨就是风险事故；如果因暴雨造成路面积水、道路泥泞，引起车祸，则暴雨就是风险因素，车祸才是风险事故。

（3）风险损失

风险损失是指非故意的、非预期的和非计划的经济价值的减少，是风险事故的直接结果。

风险损失通常分为两种形态，即直接损失与间接损失。前者指风险事故直接造成的有形损失，即实质损失；后者是由直接损失进一步引发或带来的无形损失，包括额外费用损失、收入损失和责任损失。

（4）三者关系

风险是由风险因素、风险事故和风险损失三者构成的统一体。其关系可概括为：风险因素可能引起风险事故，风险事故可能导致风险损失，但只要出现了风险损失必然存在着风险事故，只要出现了风险事故必然存在着风险因素。它们之间都是必要而不充分的条件。因此，尽管风险因素客观存在，人们还是有可能减少或避免事故的发生，或当事故发生后尽量减少或避免损失。

1.1.4 风险的分类

（1）按其性质分类

风险按其性质分类，可分为纯粹风险与投机风险两类。

纯粹风险是指一旦发生风险事故只有损失机会而无获利可能的风险，如自然灾害。纯粹风险所导致的结果只有两种：损失或无损失。纯粹风险的变化较为规则，有一定规律性，可利用数理统计法计算其发生频率、损失程度。保险公司所承保的风险基本上是纯粹风险。

投机风险是指既有损失可能又有获利希望的风险，如赌博。投机风险所导致的结果有三种：损失、无损失和盈利。投机风险一般都是不规则的，无规律可循，难以利用数理统计的方法加以测算。保险人通常将投机风险视为不可保风险。

（2）按其损害对象分类

风险按其损害对象分类，可分为财产风险、责任风险、信用风险和人身风险四类。

财产风险是指导致各种财产发生损毁、灭失和贬值的风险，如房屋发生火灾的风险。

责任风险是指由于侵权行为造成他人的财产损失或人身伤害，根据法律规定应承担经济赔偿责任的风险，如汽车肇事导致第三者受伤的风险。

信用风险是指权利人因义务人不履行义务而导致损失的风险，如贷款人因借款人不按期还款而遭受损失的风险。

人身风险是指由于人的生老病死残和自然、政治、军事、社会等原因给人们带来的风险，如人意外伤残的风险。

（3）按其产生的原因分类

风险按其产生的原因分类，可分为自然风险、社会风险、政治风险、经济风险四类。

自然风险是指由自然力的不规则变化引起的种种现象所造成的财产损失及人身伤害的风险，如风灾、雹灾、地震、海啸等。在所有风险中，自然风险已成为保险承保最多的风险。

社会风险是指个人或团体的故意或过失行为、不当行为等所导致的损害风险，如盗窃、抢劫、玩忽职守等。

政治风险是指由于政局的变化、政权的更替、政府法令和决定的颁布实施等政治原因导致损失的风险，如对外投资风险。

经济风险是指在生产经营过程中，因各种因素的变化或估计错误，导致经济损失的风险，如市场预期失误、经营管理不善、消费需求变化、通货膨胀、汇率变动等所致的经济损失。

1.1.5 风险的管理

（1）风险管理的概念

面对种类繁多、时刻威胁人们自身和财产安全的风险，人们在长期的生活实践中，不断分析、总结，进行识别风险、控制风险、处理风险的一系列工作，获得较大的安全保障，这就是风险的管理。具体地讲，风险管理是指人们对各种风险的认识、控制和处理的主动行为，它要求人们研究风险发生和变化的规律，估算风险对社会经济生活可能造成损害的程度，并选择有效的手段，有计划有目的地处理风险，以期用最小的成本，获得最大的安全保障。

(2) 风险管理的基本程序

第一，是风险的识别，即对风险的存在与否、风险的种类、风险的性质等进行判断。风险识别是风险管理的第一步。风险识别的方法有：现场调查分析法、以往事故分析法、专业人士调查法、风险列举法、生产流程法。通常多种方法配合使用效果更好。

第二，是风险的估测，即预测风险发生的概率和损失幅度，使风险管理建立在科学的基础上。风险的损失程度通常为平均风险频率与平均风险损失程度的乘积。风险估测可以自己做，也可以由保险公司或专业机构做。

第三，是风险管理方法的选择，即根据风险特点在众多的风险管理方法中选择适合的方法，通常是多种方法联合使用。

第四，是实施风险管理的决策，即制定风险管理计划，并付诸实施。

第五，是风险管理效果的评价，即对风险管理方法的适用性和收益性、风险管理计划的执行情况进行分析、检查、修正和评估，看是否有效地规避了风险，是否以最小的风险管理成本实现了最大的安全保障。

(3) 风险管理的方法

风险管理方法分为控制型和财务型两类。

① 控制型风险管理方法是指采取各种措施避免、防止、排除或减少风险，其目的在于改善损失的不利条件、降低损失频率、缩小损失幅度。常见的控制型方法有风险避免、风险预防、风险抑制、风险集合和风险分散等。

风险避免是指放弃或根本不去做可能发生风险的事情。这是一种最彻底的风险处理方法，也是一种极消极的方法，容易失去与该事情相关的利益。在现实经济生活中，绝大多数风险是难以避免的。风险避免方法通常在两种情况下应用：一是某特定风险所致损失频率和损失幅度相当高时；二是在处理风险的成本大于其产生的效益时。

风险预防是指在风险发生前为了消除或减少可能引发损失的各种因素而采取的处理风险的具体措施，其目的在于通过消除或减少风险因素降低损失发生频率。风险预防措施可分为工程物理法和人类行为法两类。工程物理法指在风险单位的物质因素方面设置预防措施，如防盗装置的设置；人类行为法指在人们行为教育方面设置预防措施，如安全教育。

风险抑制是指在损失发生时或发生之后为缩小损失幅度而采取的各项措施，如发生火灾后应及时灭火。它是处理风险的有效技术。

风险集合是指集合同类风险的多数单位，使之相互协作，提高各自应对风险的能力，如多条小船连接在一起以抵抗风浪冲击翻船的风险。

风险分散是指将企业面临损失的风险单位进行分散，如企业采用商品多样化经营方式以分散或减轻可能遭受的风险。

② 财务型风险管理方法是指采用财务技术来处理风险，目的在于建立财务基金消除损失的成本。常见的财务型方法有风险自留和风险转嫁两种。

风险自留是指企业自行承担一部分或全部风险的方法。风险自留可分为主动自留和被动自留。当风险管理者经过对风险的衡量、考虑各种风险处理方法后，决定不转移风险的，为主动自留；当风险管理者没有意识到风险的存在，没有采取措施处理风险的，为被动自留。

风险转嫁是指企业将自己的风险转嫁给他人的方法。风险转嫁可分为保险转嫁和非保险转嫁两种。保险转嫁是指通过购买保险将风险转嫁给保险公司，这是一种最重要、最常用的风险处理方法。非保险转嫁是指通过保险以外的方式将风险转嫁给他人，如出让转嫁等。

不同的风险管理方法，具有不同的特点，应从实际出发，根据最小成本原则，择优选用或组合应用，才能取得最佳的风险管理效果。

1.1.6 可保风险

（1）风险与保险的关系

① 风险是保险成立发展的基础，无风险无保险。

② 保险是风险管理的有效措施之一。

③ 保险经营效益受风险管理技术的制约。

(2) 可保风险的概念

可保风险是指保险人愿意并能够承保的风险，是符合保险人承保条件的特定风险。

(3) 可保风险的构成条件

风险种类众多，并非任何风险均可向保险公司转嫁。也就是说，保险公司所承保的风险是有条件的，具体包括：

① 风险必须是纯粹风险。

② 风险必须使保险标的均存在遭受损失的可能，这决定了人们对保险需求的普遍性。

③ 风险必须使保险标的有导致重大损失的可能，这是人们愿意购买保险的动力。

④ 风险不能使大多数保险标的同时遭受损失，这是保险公司能够盈利经营的前提。

⑤ 风险必须具有现实的可测性，这是保险公司能够经营风险、厘定费率的基础。

1.2 保险基础

1.2.1 保险概念

《中华人民共和国保险法》（以下简称《保险法》）第二条规定："本法所称保险，是指投保人根据合同约定，向保险人支付保险费，保险人对于合同约定的可能发生的事故因其发生所造成的财产损失承担赔偿保险金责任，或者当被保险人死亡、伤残、疾病或者达到合同约定的年龄、期限等条件时承担给付保险金责任的商业保险行为。"因此，保险定义可从两方面解释：

① 从经济角度说，保险是分摊意外事故损失的一种财务安排。投保人参加保险，实质上是将他不确定的大额损失变成确定的小额支出，即保险费。而保险人集中了大量同类风险，能借助大数法则来正确预见损失的发生概率，并根据保险标的的损失概率制定保险费率。通过向所

有被保险人收取保险费的方式建立保险基金，用于补偿少数被保险人遭受的意外事故损失。因此，保险是一种有效的财务安排，并体现了一定的经济关系。

② 从法律角度来看，保险是一种合同行为，体现的是一种民事法律关系。根据合同约定，一方承担支付保险费的义务，换取另一方为其提供的经济补偿或给付的权利，这正好体现了民事法律关系的内容——主体之间的权利和义务关系。

1.2.2 保险要素

（1）可保风险

可保风险是保险人可以接受承保的风险。并非所有破坏物质财富或威胁人身安全的风险，保险人都能承保。

可保风险有以下特性：

第一，风险必须是纯粹风险，而不是投机风险。纯粹风险与投机风险的区别是：纯粹风险只有损失机会而无获利可能，其变化较为规则，有一定的规律性，可以通过大数法则加以测算，发生结果往往是社会的净损失。而投机风险既有损失机会又有获利可能，其变化往往不规则，无规可循，难以通过大数法则加以测算，发生结果往往是社会财富的转移，而不一定是社会的净损失。

第二，风险须使标的均存在遭受损失的可能，但对具体标的而言，当事人事先无法知道其是否发生损失、发生损失的时间和发生损失的程度如何。

第三，风险必须有导致重大损失的可能，否则人们缺乏购买保险的动力。

第四，风险不能使大多数保险对象同时遭受损失，这是保险公司能够盈利经营的前提。

第五，风险从总体上看必须具有现实的可测性，即在保险合同期限内预期损失是可计算的，保险人承保某一特定风险，必须在保险合同期限内收取足额保费，以聚集资金支付赔款和各项开支，并获得合理利润。

（2）多数人同质风险的集合与分散

保险的过程，既是风险的集合过程，又是风险的分散过程。众多投保人将其面临的风险转嫁给保险人，保险人通过承保而将众多风险集合起来。当发生保险责任范围内的损失时，保险人将少数被保险人发生的风险损失分摊给全部投保人，也就是通过保险的补偿行为分摊损失，将集合的风险予以分散转移。

保险风险的集合与分散应具备两个前提：

第一是多数人的风险。如果是少数人或个别人的风险，就无所谓集合与分散，而且风险损害发生的概率难以测定，大数法则不能有效发挥作用。

第二是同质风险。如果风险为不同质风险，那么风险损失发生的概率就不同，因此风险也就无法进行集合与分散。

此外，由于不同质风险损失发生的频率与幅度是有差异的，倘若进行集合与分散，会导致保险经营的不稳定，保险人将不能提供保险供给。

（3）费率的合理厘定

保险在形式上是一种经济保障活动，实质上是一种商品交换行为。因此，厘定合理费率，即制定保险商品的价格，便构成了保险的基本要素。费率过高，保险需求会受到限制；费率过低，保险供给得不到保障，这都不能称为合理费率。费率厘定应依据概率论、大数法则的原理进行计算。

（4）保险基金的建立

保险的分摊损失与补偿损失功能是通过建立保险基金实现的。保险基金是用以补偿因自然灾害、意外事故等所致经济损失和人身损害的专项基金，它主要源于开业资金和保费收入，并以保费收入为主。财产保险准备金，表现为未到期责任准备金、赔款准备金等形式；人寿保险准备金，主要以未到期责任准备金形式存在。保险基金具有分散性、广泛性、专项性与增值性等特点，是保险赔偿的基础。

（5）订立保险合同

保险是投保人与保险人间的经济关系，它通过合同的订立来确定。保险是专门对意外事故和不确定事件造成的经济损失给予赔偿的。风是否发生、何时发生、损失程度如何，均有较大随机性，这一特性要求保险人与投保人应在契约约束下履行各自权利与义务。假如不具备在法律或合同上规定的权利与义务，保险经济关系就难以成立。因此，订立保险合同是保险得以成立的基本要素，它是保险成立的法律保证。

1.2.3 保险分类

（1）按实施方式分类

保险按实施方式分类，可分为自愿保险与强制保险。

自愿保险也称任意保险，是指投保人与保险人在平等自愿的基础上建立的保险关系，如商业汽车保险。

强制保险也称法定保险，是指投保人与保险人根据国家法律或行政命令的要求必须建立保险关系，否则属于违法行为，如交强险。

（2）按是否确定保险价值分类

按合同中是否确定保险价值分类，可将保险分为定值保险与不定值保险。

定值保险是指以保险当事人双方商定的价值作为保险金额，并载明于保险合同的保险形式。定值保险适用于货物运输保险以及财产险中某些贵重物品的保险。定值保险的赔偿，如果是全损，则按保险金额全数赔偿；如果是部分损失，则需确定损失程度，按损失程度比例赔偿。法律允许定值保险，并非默认超额保险是合法的，超额部分仍无效。

不定值保险是指不列明保险标的的实际价值，只列保险金额作为最高赔偿限度，并载明于保险合同的保险形式。不定值保险的赔偿按事故发生时保险标的的实际损失与保险金额比较后的小者确定。财产损失保险多为不定值保险。

（3）按风险转嫁方式分类

按风险转嫁方式分类，可将保险分为足额保险、不足额保险与超额保险。

足额保险是指投保时约定的保险金额与保险标的价值相等的保险。当保险标的遭受损失时，如果是全部损失，保险人按保险金额赔偿；部分损失，保险人按保险标的实际损失赔偿。

不足额保险是指投保时约定的保险金额小于保险标的实际价值的保

险。当保险标的全损，保险人按保险金额赔偿；当保险标的部分损失，保险人按保险金额与保险价值比例赔偿。

超额保险是指投保时约定的保险金额大于保险标的实际价值的保险。造成超额保险的主要原因有：一是投保人想获得超过保险价值的赔偿；二是投保人在投保时高估了保险标的的实际价值；三是保险标的的市价下跌了。不管出于什么原因，超额保险的超额部分无效。其赔偿同足额保险。

（4）按保险标的分类

按保险标的分类，可将保险分为财产保险和人身保险两类。

① 财产保险是指以财产及其相关利益为保险标的，由保险人对保险标的可能遭受的意外损失负赔偿责任的一种保险。此处的财产既包括一些有形财产又包括一些无形财产，所以是一种广义的财产，称为广义的财产保险。

我国将财产保险又分为财产损失保险、责任保险、信用保证保险三类。

财产损失保险中的财产指有形财产，是狭义的财产，所以财产损失保险有时称为狭义的财产保险，常见种类有火灾保险、海上保险、汽车保险、航空保险、工程保险、利润损失保险、农业保险等。

责任保险是指以被保险人依法应负的民事赔偿责任或经过特别约定的合同责任为保险标的的一种保险，常见种类有公众责任保险、产品责任保险、职业责任保险、雇主责任保险、机动车第三者责任保险等。

信用保证保险是指以信用关系为保险标的的一种保险，它是一种担保性质的保险。按投保对象的不同，信用保证保险可分为信用保险和保证保险两种。信用保险是指权利人（债权人）向保险人投保义务人（债务人）的信用风险的保险，常见种类有国内商业信用保险、出口信用保险等。保证保险是指义务人（债务人）根据权利人（债权人）的要求，请求保险人担保自己信用的保险，常见种类有合同保证保险、产品质量保证保险、诚实保证保险等。无论是信用保险还是保证保险，其被保险人都是权利人（债权人）。

② 人身保险是指以人的身体或生命为保险标的，以生存、年老、疾病、死亡、伤残等为保险事故，当被保险人在保险期内发生保险事故

或生存到保险期满，保险人按合同约定的条件，向被保险人或受益人给付保险金的保险。我国将人身保险分为人寿保险、意外伤害保险和健康保险等，其中人寿保险又分为死亡保险、生存保险、两全保险。近几年，人寿保险领域又开发出许多新型保险业务，如分红保险、投资连结保险、万能保险等。

1.2.4 保险职能

保险的职能是指保险内在的、固有的功能。保险的职能有基本职能和派生职能之分。

基本职能是反映保险原始与固有的职能，它不以时间的推移和社会形态的不同而改变。

派生职能是在保险基本职能基础上，伴随着保险分配关系发展而产生的。

基本职能包括补偿损失职能和经济给付职能；派生职能包括融资职能和防灾防损职能。

补偿损失职能具体体现在特定风险损害发生时，在保险的有效期和保险合同约定的责任范围以及保险金额内，按其实际损失数额给予赔付。

经济给付职能具体体现在人身保险事故的保险保障方面。由于人的价值是难以用货币具体量化的，因此，人身保险责任事故发生造成的损失，难以用补偿实现其保险保障，所以人身保险的保障是通过保险人和投保人双方约定的经济给付行为来实现的。

融资职能具体体现在保险把多个投保人的闲散资金先积累成雄厚的保险基金，然后再利用多种投资形式对其进行有效运用，实现其增值。融资职能的发挥能增强保险人的补偿和给付能力，促进保险基本职能的实现。

防灾防损职能具体体现在整个保险过程中保险双方一直强化防灾防损意识，实施防灾防损的措施，力争降低损失发生的频率；如果真是出现了损失，投保方依据保险合同约定，也会采取有效的施救措施，将风险损失控制在最小的程度内。防灾防损职能可降低保险人所积累的社会资产出现不必要的损失的可能，这对保险保障基本职能的发挥也是一种促进。

保险职能在社会经济生活中所产生的效果，称为保险的作用。在我国社会主义市场经济条件下，其作用表现为宏观和微观两个层次。宏观作用是指保险对全社会以及国民经济在整体上产生的效果，微观作用是指保险对于企业、家庭、个人所起的保障作用。

1.2.5 保险监管

(1) 保险监管的概念

保险监管是指政府对保险业的监督和管理，具体指一个国家的金融主管机关或保险监管执行机关，依据现行法律对保险人和保险市场进行监督管理，以确保保险人经营的稳定和维护被保险人的合法权益。

(2) 保险监管体系

包括监管法规、监管机构、行业自律三部分。

① 监管法规。我国保险的监管法规主要是《中华人民共和国保险法》，该法于1995年6月30日第八届全国人民代表大会常务委员会第十四次会议通过；根据2002年10月28日第九届全国人民代表大会常务委员会第三十次会议第一次修正；根据2009年2月28日第十一届全国人民代表大会常务委员会第七次会议第二次修订；根据2014年8月31日中华人民共和国第十二届全国人民代表大会常务委员会第十次会议《全国人民代表大会常务委员会关于修改〈中华人民共和国保险法〉等五部法律的决定》第三次修正；根据2015年4月24日中华人民共和国第十二届全国人民代表大会常务委员会第十四次会议《全国人民代表大会常务委员会关于修改〈中华人民共和国计量法〉等五部法律的决定》第四次修订。

② 监管机构。作为保险的国家主管机关，形式多样，名称不一，不同国家有不同称谓，同一国家不同时期监管机构也不同。之前，我国保险行业的监管机构是中国保险监督管理委员会，成立于1998年11月18日，是国务院直属事业单位，根据国务院授权履行行政管理职能，依照法律、法规统一监督管理全国保险市场，维护保险业的合法、稳健运行。2018年3月13日，国务院将中国银行业监督管理委员会（下文称"银监会"）和中国保险监督管理委员会（下文称"保监会"）的职责整合，组建中国银行保险监督管理委员会（下文称"银保监会"），

作为国务院直属事业单位。银监会的主要职责是，依照法律法规统一监督管理银行业和保险业，维护银行业和保险业合法、稳健运行，防范和化解金融风险，保护金融消费者合法权益，维护金融稳定。与此同时，将银监会和保监会拟订银行业、保险业重要法律法规草案和审慎监管基本制度的职责划入中国人民银行。2023年3月，中共中央、国务院印发了《党和国家机构改革方案》，决定在中国银行保险监督管理委员会基础上组建国家金融监督管理总局，不再保留中国银行保险监督管理委员会。

③ 行业自律。保险行业的自身监管又称为保险行业自律，是指保险人基于共同的权益组织起来，在遵守国家对保险业管理的法律、法规的前提下，通过行业内部协作、调节和监督，采取自我约束和自我管理的行为。保险行业的自身监管是通过保险行业组织实现的，它是在保险及其相关领域中从事活动的非官方组织，是保险人自行组织和自愿参加的组织。中国保险行业协会成立于2001年3月12日，是经中国保险监督管理委员会审查同意并在民政部登记注册的中国保险业的全国性自律组织，是自愿结成的非营利性社会团体法人。保险行业协会的基本职责为自律、维权、服务、交流。

1.2.6　保险市场

保险市场是指保险商品交换关系的总和，它既包括保险商品交换的场所，也包括保险商品交换中供给与需求的关系及其有关活动。

保险市场与一般的产品市场不同。它是直接经营风险的市场，实际上保险商品的交换过程就是风险的分散和聚集过程。同时，因风险的不确定性和保险的射幸性，使得双方都不可能确切知道交易结果。保险单的签发，看似是保险交易的完成，实则是保险保障的刚刚开始，最终的交易结果是看双方约定的事件是否发生。因此，保险市场是一个非即时清结的市场。

保险市场虽然是个特殊市场，其仍受市场机制的制约，所以在保险经营过程中，需要考虑价值规律、供求规律和竞争规律对保险经营的作用。

（1）保险市场的构成要素

保险市场由市场主体和市场客体两部分构成。

市场主体由保险的供给方、需求方、中介方构成。供给方就是各类保险人，需求方为各类投保人，中介方主要是代理人、经纪人、公估人、律师、理算师、精算师等。

市场客体为保险商品，实为一种经济保障，具有许多特殊性。例如，它是一种无形商品，其生产过程和消费过程不可分离，其服务质量缺乏稳定性，其价格具有相对固定性等。

(2) 保险市场类型

保险市场类型可分为四种：完全竞争型、完全垄断型、垄断竞争型和寡头垄断型。

完全竞争型市场的特点是有数量众多的保险公司，每个公司所占市场份额很小，不能单独左右市场价格，而是由市场自发调节商品价格。

完全垄断型市场的特点是市场由一家公司操控，价值规律、供求规律、竞争规律受到极大限制，市场上没有可替代产品，没有可供选择的保险人。商品价格往往是根据垄断者的自身利益确定。完全垄断型市场可分为专业型完全垄断和地区型完全垄断两类。

垄断竞争型市场的特点是大小公司并存，较多表现为竞争性，竞争体现在大公司之间、大公司与小公司之间、小公司之间。

寡头垄断型市场的特点是只存在少数相互竞争的公司，较多表现为垄断性。

(3) 保险市场供给与需求

① 保险供给。保险供给是指在一定社会经济条件下，国家或从事保险经营的企业所能提供的并已实现的保险种类和保险总量。

保险供给的影响因素包括保险人的经营管理水平、保险市场竞争、保险产品成本、保险供给者的数量和素质、保险利润率等。

② 保险需求。保险需求是指在一定时期内和一定价格条件下，消费者愿意并且有能力购买的保险商品的数量。

保险需求的影响因素包括风险存在程度、经济发展水平、保险价格、相关商品价格、商品经济的发展、人口、强制保险实施等。

③ 供求平衡。保险商品的供给与需求必须遵循供求规律，最终实现供求平衡。供求规律的作用过程是：当社会所提供的保险商品超过社会的需求时，保险商品的价格就会下跌，保险商品只能按照低于其价值

的价格出售；较低的保险商品价格具有抑制供给、刺激需求的作用，从而使保险供给和需求逐渐趋于平衡。当社会所提供的保险商品满足不了社会的需求时，保险商品的价格就会上涨，保险商品就必然按照高于其价值的价格出售；较高的保险商品价格具有刺激供给、抑制需求的作用，从而促使保险商品的供给和需求逐渐趋于平衡。

1.3 汽车保险基础

1.3.1 汽车保险的概念

汽车保险是指以机动车辆为保险标的的保险，其保障范围包括车辆本身因自然灾害或意外事故导致的损失，以及车辆所有人或其允许的合格驾驶员因使用车辆发生意外事故所负的赔偿责任。

车辆本身损失常见原因有：碰撞、倾覆、坠落、火灾、爆炸、外界物体坠落、倒塌、雷击、暴风、暴雨、洪水、龙卷风、冰雹、台风、热带风暴、地陷、崖崩、滑坡、泥石流、雪崩、冰陷、暴雪、冰凌、沙尘暴，以及自燃、盗窃、抢劫、玻璃破碎、车辆停驶利润、车身划痕、标准配置外的设备损坏、随车行李物品损坏、事故发生后的抢险救灾费用等。为保障以上风险，开设了相应的保险险种，如车辆损失险、车身划痕险、车轮单独损失险、新增设备损失险等，这些都属于损失类保险，可归为财产损失保险范畴。

车辆在使用过程中常引发的责任有：因车辆发生碰撞、倾覆、坠落、火灾等意外事故导致第三者人员或财产损害的赔偿责任、车上人员或财产损害的赔偿责任、因车载货物掉落而引起的第三者人员或财产损害的赔偿责任。为保障以上风险，开设了相应的保险险种，如机动车第三者责任险、车上人员责任险、车上货物责任险等，这些都属于责任类保险，可归为责任保险范畴。总之，汽车保险既属于财产损失保险范畴，又属于责任保险范畴，是综合性保险。

1.3.2　汽车保险的作用

汽车保险的作用是其职能在现实生活中发挥所表现出的效果。我国自1980年恢复保险业务以来，汽车保险经过40多年的发展，取得了长足进步。汽车保险作为机动车辆使用的"保护神"，其在社会生产和生活中所发挥的作用越来越突出。

汽车保险在社会生产和生活中发挥的作用主要表现为：

① 扩大了汽车需求。人们使用汽车，面临着交通事故、盗抢、火灾、水灾、雹灾等风险。汽车保险的出现，使人们可以把用车风险转嫁给保险公司，解除了后顾之忧，在一定程度上提高了购车欲望，扩大了汽车需求。

② 稳定了公共秩序。有了汽车保险，发生交通事故后，能比较轻松地履行对第三者的赔偿，有利于维护受害者的权益，稳定了公共秩序。

③ 促进了汽车安全。保险公司为降低经营风险，会想方设法预防风险、控制损失。他们联合汽车生产厂家开展汽车事故原因的统计分析和研究，开发更加安全的汽车。保险公司的主动参与，加上为此投入的大量人力、财力，会极大地促进汽车安全性能的提高。

1.3.3　汽车保险的特点

（1）从保险标的自身来看

① 车辆经常处于运动状态。作为运输工具，车辆大多时间将处于动态。保险标的所处状态直接影响其面临的风险大小及种类，这对保险人来说，应在开发产品、厘定费率时要特别考虑，在承接业务时要加强"验标"，在理赔时要迅速、准确，并有一个为之及时查勘定损的庞大网络，同时应注重研究核保和核赔技术以及风险的防范工作。

② 车辆出事故的频率非常高。表1-1所示为我国近年机动车交通事故的次数和直接财产损失，平均每年发生事故19万多起，每分钟发生0.38起事故，每次事故财产损失5822元。除机动车交通事故外，属于汽车保险赔偿的事故还有很多，如车辆盗抢事故、火烧事故、水淹事故、雹灾事故、玻璃破碎事故等，因此，汽车保险损失频率非常高。但

同时可见，汽车保险每次事故的赔付额与其他保险险种相比却比较低，此种情况下，就要求精细化管理，降低单次事故的查勘、定损、理算等理赔成本。

表1-1 2011～2021年我国机动车交通事故数据统计

年份	2011	2012	2013	2014	2015	2016	2017	2018	2019	2020	2021
机动车交通事故发生数/起	198113	190756	183404	180321	170130	192585	182343	216178	215009	211074	233729
直接财产损失/亿元	10.48	11.42	10.00	10.34	9.89	11.46	11.56	13.10	12.58	12.28	13.45

（2）从与其他保险比较来看

① 保险标的种类繁多且差异大。机动车辆种类非常多，按用途可分为客车、货车、特种车、摩托车、拖拉机。按性质可分为营业车辆和非营业车辆，营业车辆又可分为出租租赁、固定路线运输、公路运输，非营业车辆又可分为家庭自用、企业非营业、机关非营业。按座位客车可分为5座及以下、6～10座、10～20座、20～36座、36座以上。按载质量货车可分为2t以下、2～5t、5～10t、10t以上。特种车按用途可分为，用于各类装载油料、气体、液体等的专用罐车；用于清障、清扫、清洁、起重、装卸（不含自卸车）、升降、搅拌、挖掘、推土、压路等的各种专用机动车；用于装有冷冻或加温设备的厢式机动车；车内装有固定专用仪器设备，从事专业工作的监测、消防、运钞、医疗、电视转播、雷达、X射线检查等机动车；专门用于牵引集装箱箱体（货柜）的集装箱拖头。摩托车按结构特点分为两轮摩托车和三轮摩托车，按排量分为50CC及以下、50～250CC（含）、250CC以上等。拖拉机按其使用性质分为兼用型拖拉机和运输型拖拉机两种，按功率分为14.7kW及以下和14.7kW以上两种。

种类、性质、座位、载质量、用途、排量、功率不同的汽车，其结构、性能、零件、材料等也有很大差异，其风险状况也不同，所以对保险人来说，经营汽车保险要从多方面增强风险控制，不同的机动车辆，收费要有所差别。同时，还要拥有一支懂汽车专业、知识结构不断更新的理赔队伍为保险标的的查勘定损工作服务。

② 汽车保险占财产险比重大。表1-2为我国近年财产保险、汽车保险的保费收入统计。可见，历年我国汽车保险保费收入均占财产保险保费收入的50%以上，汽车保险已成为各财产保险公司的"支柱险种"，其经营的好坏，直接关系到整个财产保险业的经济效益。

表1-2　2011～2021年我国财产保险与汽车保险保费收入统计

年份	2011	2012	2013	2014	2015	2016	2017	2018	2019	2020	2021
财产保险保费收入/亿元	4779	5530	6481	7544	8423	9266	9835	11756	13016	13584	13676
汽车保险保费收入/亿元	3505	4005	4721	5516	6199	6834	7521	7834	8188	8245	7773
汽车保险保费收入占财产保险保费收入的比例/%	72.4	72.4	72.8	73.1	73.6	73.8	76.5	66.6	62.9	60.7	56.8

③ 被保险人众多且差异大。截至2022年底，全国机动车保有量达到4.17亿辆。数量巨大的车辆分布于民族、地域、学历、素质、风俗习惯等方面存在不同的众多被保险人手中，而汽车保险业务需要保险公司和每个投保人接触，需要和发生事故并索赔的每个被保险人接触，要融洽地处理好与众多接触对象的关系，需要汽车保险从业人员素质高、能力强、见识广。

④ 汽车保险是保险业运用新技术的试验田。由于汽车保险具有面广、量大、品种单一等特点，便于新技术的推广。风靡全球的网上销售和电话销售，就是首先在汽车保险产品的销售上被应用的，并取得了良好效果。尤其是近几年，保险公司更加关注保险科技在汽车保险中的应

用，以有效提升获客效率、降低业务成本、优化工作流程，从而实现高质量的发展。

⑤ 汽车保险是各财产保险公司业务竞争的焦点。随着我国汽车工业的迅猛发展和人民生活水平的提高，汽车保有量呈逐年快速上升趋势。对保险公司来说，汽车保险是一保源相对稳定，且快速扩大的行业，所以各财产保险公司集中精兵强将，展开竞争。另外，汽车保险能使保险公司接触到社会各界，可让社会各界通过车险这个窗口直接领略自己的承保是否热情、理赔是否真诚，进而树立良好的企业形象，吸引客户购买其他保险产品。因此，各公司对汽车保险业务尤为重视。

(3) 从汽车保险业发展来看

① 汽车保险费率改革市场化。我国汽车保险费率改革历程为：

2002年8月，中国保监会下发《关于改革机动车辆保险条款费率管理制度的通知》，规定：自2003年1月1日起，在全国范围实施新的车险条款和费率管理制度。即要求各家保险公司自主制定条款和费率，报保监会备案即可。

2003年以前，保监会在全国范围内实行统一的车险费率。

2006年7月，我国推出交强险，全国价格统一。同时推出商业险A、B、C三套条款，要求各保险公司从中选择一套执行。A、B、C三套条款只是对车辆损失险、第三者责任险的条款给予统一，附加险条款由各家保险公司自行开发。A、B、C三套条款的费率基本一致，附加险的费率差别较大。

2007年4月，中国保险行业协会又对已有的商业险A、B、C三套条款进行完善，并且主要的附加险也给予统一，此时主险、主要的附加险的费率都基本一致，只有其他的附加险条款和费率由各公司自行制定。

2008年2月，交强险责任限额调整，基础费率也有一定幅度的降低，与此相对应，商业车险的价格也进行了调整。

2012年3月14日，中国保险行业协会对外发布了《机动车辆保险示范条款》。后对2012年版商业车险示范条款进行修订完善，形成《中保协机动车辆商业保险示范条款（2014版）》，包括4类条款：机动车综合商业保险示范条款，机动车单程提车保险示范条款，摩托车、拖拉机综合商业保险示范条款，特种车综合商业保险示范条款。其中，主险险种有车辆损失险、第三者责任险、车上人员责任险、全车盗抢险等；附加险险种有玻璃单独破碎险、自燃损失险、新增设备损失险、车身划痕损失险、发动机涉水损失险、修理期间费用补偿险、车上货物责任险、精神损害抚慰金责任险、不计免赔率险、机动车损失无法找到第三方特约险、指定修理厂险等。

2015年3月24日，保监会发布了《深化商业车险条款费率管理制度改革试点工作方案》，开启了商业车险的进一步改革。方案先后确定了三批商业车险改革试点地区，有序推进商业车险改革工作。试点地区经营商业车险业务的财产保险公司可以选择使用商业车险行业示范条款或自主开发商业车险创新型条款，也可以同时使用示范条款和创新型条款。

2020年9月19日，银保监会对交强险责任限额进行了调整，责任限额变为20万元；保险行业协会公布了《机动车辆商业保险示范条款》（2020版），主险险种有车辆损失险、第三者责任险、车上人员责任险、驾乘人员意外伤害保险等，附加险险种有绝对免赔率特约条款、车轮单独损失险、新增加设备损失险、车身划痕损失险、修理期间费用补偿险、发动机进水损坏除外特约条款、车上货物责任险、精神损害抚慰金责任险、法定节假日限额翻倍险、医保外医疗费用责任险、机动车增值服务特约条款、住院津贴保险、医保外医疗费用补偿险等。本次调整使保险产品的保障范围大大拓宽。

2021年12月14日，保险行业协会公布了《新能源汽车商业保险专属条款（试行）》，主险险种有：新能源汽车损失保险、新能源汽车第三者责任保险、新能源汽车车上人员责任保险、新能源汽车驾乘人员意外伤害保险等，附加险险种有：外部电网故障损失险、自用充电桩损失保险、自用充电桩责任保险、绝对免赔率特约条款、车轮单独损失险、新增加设备损失险、车身划痕损失险、修理期间费用补偿险、车上货物责任险、精神损害抚慰金责任险、法定节假日限额翻倍险、医保外医疗费用责任险、新能源汽车增值服务特约条款、住院津贴保险、医保外医疗费用补偿险等。

从各国实践看，费率厘定大都经历过从无序竞争到在相当长时期实行刚性管理，然后在条件成熟时再过渡到在确保保险人偿付能力基础上实行自由费率的管理体系。我国汽车保险费率变革也基本符合这一规律。

② 汽车保险市场发展潜力巨大。截至2022年底，全国汽车保有量达到3.19亿辆，而人口已超过13亿，人均汽车数量则远低于美国、日本的水平。正是差距大，才有潜力可挖，表1-3为我国近年的汽车产量，从中可以看出，我国汽车工业发展迅猛，这对汽车保险市场的扩大是一个极大的促进。

表1-3　2011～2022年我国汽车产量

年份	2011	2012	2013	2014	2015	2016	2017	2018	2019	2020	2021	2022
产量/万辆	1842	1928	2212	2373	2450	2812	2902	2783	2568	2532	2653	2748

③ 汽车使用者投保意识大大增强。随着私家车的增多和我国交强险的施行，人们购买保险的主动性大大增强。交通事故的存在、自然灾害的影响，使得多数有车者愿意通过购买保险把自己的用车风险转嫁给保险公司。如何购买汽车保险、如何索赔已成为多数车辆使用者讨论的话题。应该说，汽车保险成为诸多保险产品中人们保险意识最高且能主动购买的一个险种。

1.3.4　汽车保险发展简史

1886年，德国人卡尔·本茨获得了世界上第一项汽车发明专利，汽车问世了。汽车作为交通工具后，由于汽车设施简陋、工艺粗糙、操纵性能一般、安全性能较差，驾驶人员的驾驶经验比较欠缺，再加之道路状况不好，所以驾驶汽车非常容易出事故。事故除了造成车辆自身损坏外，还经常导致他人财产损失和人身损害。汽车的这种使用风险，被精明的保险商瞅准，认为驾驶汽车存在财产损失和人身损害的可能，这是保险产生的商机。于是在1895年，英国的法律意外保险有限公司签发了世界上最早的汽车保险单，为汽车责任险保险单，保险费为10～100英镑，于是汽车保险诞生。1898年，美国的旅行者保险公司签发了美国历史上第一份汽车人身伤害责任保险。1899年，英国将汽车保险范围扩大到与其他车辆碰撞所造成的损失。1901年，英国将汽车保险范围又扩大到盗窃和火灾等引起的损失。1902年，美国第一张汽车损失保险单问世。1903年，英国成立了第一家专门经营汽车保险的公司，即"汽车综合保险联合社"。1906年，英国成立了"汽车保险有限公司"，该公司有专门工程技术人员，负责每年对保险汽车免费检查一次，这与目前我国对汽车保险的"验标核保"、提供风险控制建议等基本相同，所以这种成功的运作经验极大地推进了汽车保险的发展。1927年，美国的马萨诸塞州首先将汽车造成他人的财产损失和人身伤害视为社会问题，于是公布实施了汽车强制保险法，成为世界上首次将汽车的第三者责任规定为强制责任保险的地区。1931年英国开始强制实施汽车责任保险。1936年，英国国会成立了强制责任保险调查小组，该小组于1937年提交了著名的"卡斯奥报告"，报告讨论了在实行强制汽车责任保险后，如果部分车辆所有人未依法投保责任险或者保险单失效时，受害人将无法得到保险人的赔偿，对此应如何处理的问题。但由于第二次世界大战于当年爆发，所以"卡斯奥报告"的建议当时没有付诸实施。1945年底，英国根据"卡斯奥报告"的建议成立了"汽车保险人赔偿局"，规定当事故受害人因肇事者未依法投保责任险，或者保险单失效而无法得到赔偿时，由该局承担赔偿责任，受害人获得赔偿后，须将其向肇事者索赔的权利转移给汽车保险人赔偿局。目前，对肇事者逃逸，受害人无法得到保险赔偿的情况，也由该局负责赔偿。后来，日本、法国、德国等也纷纷实施了强制汽车责任保险。

总之，汽车保险是伴随着汽车的出现而产生的，在财产保险领域中属于一个相对年轻的险种。汽车保险的发展过程是先出现汽车责任保险，后出现车辆损失保险。汽车责任保险是先实行自愿方式，后实行强制方式。车辆损失保险一般是先负责保障碰撞危险，后扩大到非碰撞危险，如盗窃、火灾等。

1949年，中国人民保险公司成立，开始开办汽车保险，不久后出现了争议，认为汽车保险以及第三者责任保险对于肇事者予以经济补偿，会导致交通事故的增加，对社会产生负面影响，于是中国人民保险公司1955年停办了汽车保险。20世纪70年代，随着我国对外关系的开展，各国纷纷与我国建立友好关系，为满足各国驻华使领馆汽车的保险需要，70年代中期开始办理以涉外业务为主的汽车保险业务。1980年，我国全面恢复国内保险业务，汽车保险也随之恢复。1983年11月，我国将汽车保险更名为机动车辆保险，使其具有了更广泛的适用性。1987年，汽车保险保费收入首次超过企业财产保险保费收入，成为财产保险的第一大险种。总之，自1980年来，我国汽车保险业进入了快速发展轨道，在多个方面取得了喜人的成绩。

1.3.5 我国汽车保险市场现状

改革开放，特别是加入WTO以来，我国经济建设取得重大成就，呈现出快速发展、平稳增长的良好态势。大好的国内经济形势为我国保险业和汽车业的发展提供了良好的条件。汽车保险是保险业与汽车业结合而产生的一个交叉学科，隶属财产保险范畴，其发展受保险业大环境的影响，更与汽车工业的发展息息相关。近年来，我国汽车保险业发展快速，局面喜人，具体表现在以下方面：

第一，车险条款日益完善。1985年，我国首次制订车险条款；2000年，保监会颁布《机动车辆保险条款》；2003年，为适应保险市场化，要求各保险公司制定自己的条款，报保监会备案；2006年，推出交强险条款，同时推出商业险的A、B、C三套主险条款；2007年，保险行业协会又重新对商业险的A、B、C三套条款进行修正和补充。2012年，保险行业协会公布了《机动车辆商业保险示范条款》，后经修订，形成了《机动车辆商业保险示范条款》（2014版）。2020年，保险行业协会公布了《机动车辆商业保险示范条款》（2020版）。2021年，保险行业协会公布了《新能源汽车商业保险专属条款（试行）》。

第二，车险保费规模增长快速。随着车辆的增多，全国保险市场承保的机动车辆迅速上升，车险保费收入迅速增长，2021年达到7773亿元。目前，我国车险为财产保险公司支柱险种，其保费收入占财产保险保费收入的50%以上。

第三，开办车险业务的公司数量增多。由最初的中国人民保险公司一家，发展到现在的几十家（表1-4）。目前，大多数财产保险公司都开展了车险业务。其中，有专业性的汽车保险公司，也有综合性的财产保险公司，有中资公司，也有外资公司，这使得我国汽车保险业的竞争加剧。

表1-4 我国经营车险业务的财产保险公司（部分）

序号	资本结构	公司名称（简称）	序号	资本结构	公司名称（简称）	序号	资本结构	公司名称（简称）
1	中资	人保财险	23	中资	中银保险	45	中资	前海联合
2		平安产险	24		长安责任	46		海峡金桥
3		太保产险	25		安华农险	47		久隆财险
4		国寿财险	26		鼎和财险	48		珠峰财险
5		大地保险	27		富德财险	49		众安在线
6		中华联合	28		众诚车险	50		中原农险
7		阳光产险	29		中煤财险	51		安心财险
8		太平财险	30		泰山财险	52		安信农险
9		天安财险	31		锦泰财险	53	外资	安盛天平
10		华安保险	32		北部湾财险	54		利宝保险
11		永安保险	33		华海财险	55		富邦财险
12		大家财险	34		华农财险	56		国泰产险
13		华泰财险	35		国元农险	57		中航安盟
14		英大财险	36		诚泰财险	58		三星财险
15		永诚财险	37		燕赵财险	59		中意财险
16		紫金产险	38		长江财险	60		安联财险
17		都邦财险	39		恒邦财险	61		日本财险
18		浙商财险	40		阳光农险	62		东京海上日动
19		安诚财险	41		鑫安车险	63		现代财险
20		国任财险	42		铁路自保	64		三井住友
21		渤海财险	43		中路财险	65		史带保险
22		亚太保险	44		合众财险	66		美亚保险

第四，为车险服务的中介机构增多。保险中介主要是指保险代理人、保险经纪人、保险公估人，这三类保险中介具有专业化、职业化、

技术强、服务好的特点，适应了保险业结构调整和保险市场化发展要求的需要，所以近年来发展迅速。2002年末，我国专业保险中介机构仅有114家；到2021年末，全国共有保险中介集团5家，保险专业中介机构2605家，其中，保险专业代理机构1735家，保险经纪机构493家，保险公估机构377家。

第五，建立了完善的服务体系和服务机制。例如，为适应车辆流动性特点，解决车辆异地出险后的处理工作，各保险公司均建立了全国统一的客服电话，对被保险人实行就近、快速的全方位服务，同时通过客服电话可以提供接受报案、业务咨询和受理投诉等多种服务。

第六，实施了强制性的法律法规。2004年5月1日实施的《中华人民共和国道路交通安全法》，在法律上明确了汽车责任保险的强制性。该法第17条规定，国家实行机动车第三者责任强制保险制度，设立道路交通事故社会救助基金。2006年3月21日，国务院颁布了《机动车交通事故责任强制保险条例》，规定自2006年7月1日起施行机动车交通事故责任强制保险。交强险的实施，利于道路交通事故受害人获得及时有效的经济保障和医疗救治，利于减轻交通事故肇事方的经济负担，利于促进驾驶人员增强安全意识，利于充分发挥保险的社会保障功能，维护社会稳定，这是我国在交通管理方面的一大进步，是我国在汽车保险制度发展方面迈出的一大步。

第 2 章 新能源汽车基础知识

2.1 新能源汽车的分类

目前，随着我国"碳达峰""碳中和"战略目标的提出，国家大力支持新能源汽车的发展，并出台了相应的国家激励政策和优惠措施，因此，我国新能源汽车得到了蓬勃发展。

依照工业和信息化部2009年6月17日发布的《新能源汽车生产企业及产品准入管理规定》文件，新能源汽车是指采用非常规的车用燃料作为动力来源（或使用常规的车用燃料、采用新型车载动力装置），综合车辆的动力控制和驱动方面的先进技术，形成的技术原理先进、具有新技术和新结构的汽车。

新能源汽车包括纯电动汽车（BEV，包括太阳能汽车）、混合动力汽车、燃料电池电动汽车（FCEV）、氢发动机汽车、其他新能源（如高效储能器、二甲醚）汽车等各类别产品。但目前国内常用的新能源汽车主要分为三大类，如图2-1所示：

第一大类：纯电动汽车（BEV，Battery Electric Vehicle）。
第二大类：混合动力汽车（HEV，Hybrid Electric Vehicle）。
第三大类：燃料电池汽车（FCV，Fuel Cell Vehicle）。

在我国市场上，只有这三类车型享受国家政府的补贴政策。同时，由于燃料电池技术瓶颈，燃料电池汽车产销量相对较少，目前我国市场上主要以纯电动汽车和混合动力汽车为主。

(a) 纯电动汽车　　　　(b) 混合动力汽车　　　　(c) 燃料电池汽车

图2-1　新能源汽车类型

2.1.1　纯电动汽车

纯电动新能源汽车（BEV）是指以车载电源为动力，用电机驱动行驶，符合道路交通、安全法规各项要求的车辆，即完全由可充电电池（如铅酸电池、镍镉电池、镍氢电池或锂离子电池等）提供动力源的汽车。

纯电动汽车的优点如下：

① 无污染、噪声小；

② 结构简单，使用维修方便；

③ 能量转换效率高，同时可回收制动、下坡时的能量，提高能量的利用效率；

④ 可在夜间利用电网廉价"谷电"进行充电，起到平抑电网峰谷差的作用。

> **例如：**
>
> 山东省居民分时电价时段划分具体内容如下：
>
> 【非采暖季】每年4月1日—10月31日
>
> 分时电价时段：高峰时段8:00—22:00，低谷时段22:00—次日8:00。
>
> 【采暖季】每年11月1日—次年3月31日
>
> 分时电价时段：高峰时段8:00—20:00，低谷时段20:00—次日8:00。

2.1.2　混合动力汽车

混合动力汽车（HEV）是指驱动系统由两个或多个能同时运转的单个驱动系统联合组成的汽车，汽车的行驶功率依据实际的行驶状态由单个驱动系统单独或多个驱动系统共同提供，即使用电动机和传统发动机联合驱动的汽车。

混合动力汽车一般分为常规混合动力汽车（HEV）和插电式混合动力汽车（PHVE），主要区别在于：插电式混合动力汽车的动力蓄电池容量相对较大，可以外部充电，可以用纯电模式行驶，动力蓄电池电量耗尽后再以混合动力模式（以内燃机为主）行驶，并适时向动力蓄电池充电；而常规混合动力汽车的动力蓄电池容量很小，仅在起/停、加/减速的时候供应/回收能量，不能外部充电，不能用纯电模式较长距离行驶。后面不做特殊说明的混合动力汽车主要是指常规混合动力汽车（HEV）。

(1) 插电式混合动力汽车的分类

按照发动机和电机连接形式的不同，插电式混合动力汽车可以分为串联式混合动力汽车、并联式混合动力汽车、混联式混合动力汽车。

① 串联式混合动力汽车（SHEV）

串联式混合动力系统由发动机、发电机和电动机三部分动力总成组成，它们之间用串联方式组成串联式混合动力汽车动力单元系统，车辆的驱动力只来源于电动机的混合动力。结构特点是驱动发电机发电，电能通过电动机控制器输送给电池或电动机，由电动机通过变速机构驱动汽车行驶。另外，动力电池也可以单独向电动机提供电能驱动汽车行驶。

串联式混合动力系统驱动结构组成形式如图2-2所示。

② 并联式混合动力系统

并联式混合动力汽车（PHEV）是车辆的驱动力由电动机及发动机同时或单独供给的混合动力（电动）汽车。结构特点是，并联式驱动系统可以单独使用发动机或电动机作为动力源，也可以同时使用电动机和发动机作为动力源驱动汽车行驶。

PHEV的另一个定义是指新能源汽车中的插入式混合动力电动汽车（PlugIn Hybrid Electric Vehicle），是特指通过插电进行充电的混合动力汽车。一般需要专用的供电桩进行供电，在电能充足时，采用电动机驱动车辆；电能不足时，发动机会参与到驱动或者发电环节。

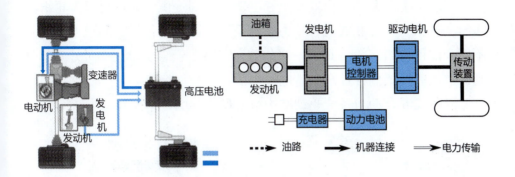

图2-2　串联式混合动力系统驱动结构组成

并联式设计的特点是结构简单。这种技术通常用于对已有车辆进行"混合动力化"。发动机、电动机和变速箱安装于一根轴上。并联式混合动力系统通常配有一台电机。发动机和电动机各自输出功率的总和等于总输出功率。这种方案可以保留车辆上大部分的原有零部件。在四轮驱动车辆的并联混合动力设计中，四个车轮的驱动力由托森差速器和分动器传送。

并联式混合动力系统驱动结构组成形式如图2-3所示。

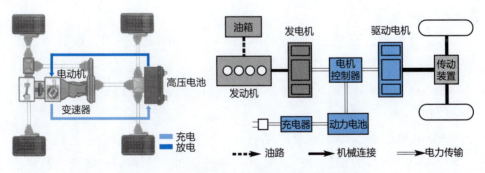

图2-3　并联式混合动力系统驱动结构组成

③ 混联式混合动力系统

混联式混合动力汽车（CHEV）是同时具有串联式、并联式驱动方式的混合动力（电动）汽车。结构特点是可以在串联混合模式下工作，也可以在并联混合模式下工作，同时兼顾了串联式和并联式的特点。

混联式混合动力系统除配有发动机外，还配有一台电动机，二者均安装于前桥上。驱动力由发动机和电动机共同提供，通过行星齿轮组传递给变速箱。与并联式混合动力系统设计不同，两种形式的动力输出并不能全部传递给车轮。其中一部分动力输出用于驱动车辆，而另一部分则以电能的形式储存在高压蓄电池中。

混联式混合动力系统驱动结构组成形式如图2-4所示。

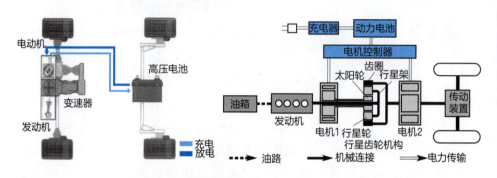

图2-4 混联式混合动力系统驱动结构组成

(2) 混合动力电动汽车的主要特点

① 采用小排量的发动机，降低了燃油消耗；

② 可以使发动机经常工作在高效低排放区，提高了能量转换效率，降低了排放；

③ 将制动、下坡时的能量回收到蓄电池中再次利用，降低了燃油消耗；

④ 在繁华市区，可关停发动机，由电动机单独驱动，实现"零排放"；

⑤ 电动机和发动机联合驱动提高了车辆动力性，增强了驾驶乐趣；

⑥ 利用现有的加油设施，具有与传统燃油汽车相同的续航里程。

2.1.3 燃料电池汽车

燃料电池汽车（FCV）是利用氢气和空气中的氧在催化剂的作用下在燃料电池中经电化学反应产生的电能，并作为主要动力源驱动的汽车。车载燃料电池装置所使用的燃料为高纯度氢气，或含氢燃料经重整所得到的高含氢重整气（重整气主要成分为氢气和一氧化氮）。与通常的电动汽车比较，其动力方面的不同在于FCV用的电力来自车载燃料电池装置，电动汽车所用的电力来自由电网充电的动力蓄电池。因此，FCV的关键是燃料电池。

燃料电池电动汽车的特点主要如下。

① 能量转化效率高。燃料电池的能量转换效率一般为60%~80%，为发动机的2~3倍。

② 零排放，不污染环境。燃料电池的燃料是氢和氧，生成物是清洁的水。

③ 氢燃料来源广泛，可以从可再生能源获得，不依赖石油燃料。

2.2 新能源汽车的主要部件及构造

新能源汽车电气系统分为低压系统和高压系统。其中，低压系统与传统燃油车的电气系统基本相同，如前照灯、音箱以及T-box车载终端等，因此，新能源汽车与传统燃油车主要的不同点在于车辆的高压系统部分。

新能源汽车高压系统部件主要包括动力蓄电池包、驱动电机、电机控制器、DC-DC变换器、高压配电单元（PDU）、车载充电机、空调压缩机等。

2.2.1 动力蓄电池包

新能源汽车最主要且价值最高的部件为车辆的动力蓄电池包。由于动力蓄电池包重量和体积较大，所以动力蓄电池包大多布置于车辆的底盘位置。动力蓄电池包由多个模组组成。单体电池不同的材料、不同的包装形式导致动力蓄电池的性能不同。其电池容量的变化由荷电状态反映。

荷电状态（State of Charge，SoC）是电池在一定放电倍率下，剩余电量与相同条件下额定容量的比值。SoC=1，表示电池充满电状态。随着电池的放电，电池的电荷数逐渐减少，用SoC相对量表示电池中电荷的变化状态。一般电池放电高效率区为（50%～80%）SoC。

（1）按照单体电池正负极的主要材料不同分类

按照单体电池正负极的主要材料不同，可分为磷酸铁锂电池、钴酸锂电池、锰酸铁锂电池、镍酸锂电池以及各种三元锂电池。锂离子电池正极材料类型如图2-5所示。

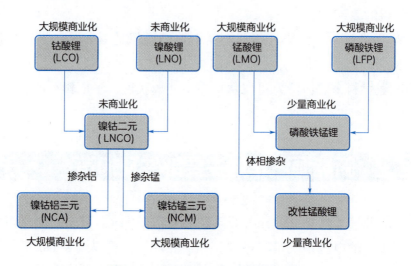

图2-5 锂离子电池正极材料类型

① 磷酸铁锂蓄电池

磷酸铁锂蓄电池是指用磷酸铁锂作为正极材料的锂离子蓄电池。磷酸铁锂（$LiFePO_4$）具有橄榄石晶体结构，其理论容量为170mA·h/g，在没有掺杂改性时其实际容量已高达110mA·h/g。通过对磷酸铁锂进行表面修饰，其实际容量可高达165mA·h/g，已经非常接近理论容量，工作电压为3.4V左右。

磷酸铁锂蓄电池的优点是稳定性高，安全可靠，环保并且价格低；缺点是电阻率较大，电极材料利用率低。

② 锰酸锂蓄电池

锰酸锂蓄电池是指用锰酸锂作为正极材料的锂离子蓄电池。锰酸锂（$LiMn_2O_4$）具有尖晶石结构，其理论容量为148mA·h/g，实际容量为90～120mA·h/g，工作电压范围为3～4V。

锰酸锂蓄电池的优点是锰资源丰富,价格便宜,安全性高,比较容易制备;缺点是理论容量低,与电解质相容性不好,在深度充放电的过程中电池容量衰减快。

③ 钴酸锂蓄电池

钴酸锂蓄电池是指用钴酸锂作为正极材料的锂离子蓄电池。

钴酸锂蓄电池的优点是电化学性能优越,易加工,性能稳定,一致性好,比容量高,综合性能突出;缺点是安全性较差,成本高。

④ 镍钴锰锂蓄电池

镍钴锰锂蓄电池是指用镍钴锰三元材料作为正极的锂离子蓄电池。镍钴锰锂蓄电池的优点是能量密度大,功率密度高,循环寿命长;缺点是成本高,对电池管理系统要求高。

(2) 按照动力蓄电池的包装形式不同分类

按照动力蓄电池的包装形式不同,其主要分为圆柱电池、钢壳/铝壳电池、软壳包装电池三类。目前,市场上宁德时代公司生产的电池为钢壳/铝壳电池,特斯拉公司生产的电池为圆柱电池。

(3) 按照单体电池形状不同分类

新能源汽车动力蓄电池单体按照形状可分为圆柱形电池、方板型电池、软包型电池三类。新能源汽车动力电池单体结构如图2-6所示。

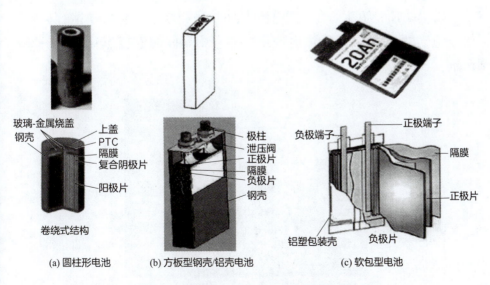

图2-6 新能源汽车动力电池单体结构

① 圆柱形电池

主要代表车型：特斯拉MODELX、江淮IEV5等。

以特斯拉MODELX为例，根据电量不同，动力蓄电池内部由14块或16块电池模组构成，每块模组有444节单体电池，共计由6216节或7104节单体电池组成，采用串并联的连接方式，如图2-7所示。

图2-7 特斯拉MODELX动力蓄电池拆解

动力蓄电池前端盖内有熔丝、液冷接口等装置；在电池底板两侧边缘位置，每个模组各设置有膨胀阀、排泄阀，用于排出因故障产生的高压气体或液体。

② 方板型电池

主要代表车型：荣威Ei5、小鹏G3等。

以荣威Ei5为例，动力蓄电池由16块模组组成，每块模组有6节单体电池，共计由96节单体电池组成，采用串联的连接方式，如图2-8所示。

图2-8 荣威Ei5新能源汽车动力蓄电池拆解

动力蓄电池前端盖有高压线束接口等装置；后部有维修开关、低压控制线束插接头装置；在顶端中间偏右位置设置单向阀门3个，用于排出内部产生的高压气体。

③ 软包型电池

主要代表车型：启辰晨风EV、启辰D60EV、轩逸EV等。

以轩逸纯电动汽车为例，动力蓄电池由24块模组组成，每块模组由8节单体电池，共计由192节单体电池组成，采用串并联的连接方式，如图2-9所示。

图2-9 日产轩逸新能源汽车动力蓄电池拆解

动力蓄电池前端盖有高压线束接口、低压控制接口等装置；中上部有维修开关；在左后部设置一个防爆阀，用于排出内部产生的高压气体。

2.2.2 驱动电机

（1）驱动电机的分类

新能源汽车另外一个主要部件是驱动电机。新能源汽车的驱动电机类型分为直流电机、异步电机、永磁同步电机和开关磁阻电机四类。目前，大部分新能源汽车使用永磁同步电机，而开关磁阻电机被公认是一种极有发展前途的新能源汽车驱动电机。4种典型电机的性能比较如表2-1所示。

表2-1　4种典型电机的性能比较

性能	直流电机	异步电机	永磁同步电机	开关磁阻电机
转速范围/(r/min)	4000~6000	12000~20000	4000~10000	15000
功率密度	低	中	高	较高
功率因数	—	82~85	90~93	60~65
峰值效率/%	85~89	94~95	95~97	85~90
负荷效率/%	80~87	90~92	85~97	78~86
过载能力/%	200	300~500	300	300~500
恒功率区比例	—	1∶5	1∶2.25	1∶3
电机重量	重	中	轻	轻
点击外形尺寸	大	中	小	小
可靠性	一般	好	优良	好
结构牢固性	差	好	一般	优良
控制操纵性能	最好	好	好	好
控制器成本	低	高	高	一般

(2) 驱动电机型号的组成

驱动电机型号由驱动电机类型代号、尺寸规格代号、信号反馈元件代号、冷却方式代号、预留代号5部分组成，如图2-10所示。

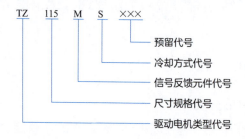

图2-10　驱动电机型号

① 驱动电机类型代号

KC——开关磁阻电机。

TF——方波控制型永磁同步电机。

TZ——正弦控制型永磁同步电机。

YR——异步电机（绕线式）。

YS——异步电机（笼式）。

ZL——直流电机。

其他类型驱动电机的类型代号由制造商参照GB/T 4831进行规定。

② 尺寸规格代号

一般采用定子铁芯的外径来表示；对于外转子电机，采用外转子铁芯外径来表示。

③ 信号反馈元件代号

M——光电编码器。

X——旋转变压器。

H——霍尔元件。

无传感器不必标注。

④ 冷却方式代号

S——水冷方式。

Y——油冷方式。

F——强迫风冷方式。

非强迫冷却方式（自然冷却）不必标注。

⑤ 预留代号

用英文大写字母或阿拉伯数字组合，其含义由制造商自行确定。

(3) 驱动电机主要性能指标

驱动电机主要性能指标如表2-2所示。

表2-2 驱动电机主要性能指标

性能指标	定义
额定功率	电机额定运行条件下轴端输出的机械功率
峰值功率	在规定的时间内电机运行的最大输出功率
额定转速	额定运行（额定电压、额定功率）条件下电机的最低转速
最高工作转速	在额定电压时电机带负载运行所能达到的最高转速
额定转矩	电机在额定功率和额定转速下的输出转矩

续表

性能指标	定义
峰值转矩	电机在规定的持续时间内允许输出的最大转矩
堵转转矩	转子在所有角位堵住时所产生的最小转矩
额定电压	电机正常工作的电压
额定电流	电机额定运行条件下电枢绕组（或定子绕组）的线电流
额定频率	电机额定运行条件下电枢（或定子侧）的频率

（4）新能源汽车对驱动电机的要求

新能源汽车在行驶过程中，经常频繁地启动/停车、加速/减速等，这就要求新能源汽车中的驱动电机比一般工业应用的电机性能更好，基本要求如下：

① 电机的运行特性要满足电动汽车的要求。在恒转矩区，要求低速运行时具有大转矩，以满足电动汽车启动和爬坡的要求；在恒功率区，要求低转矩时具有高的速度，以满足电动汽车在平坦的路面能够高速行驶的要求。

② 电机应具有瞬时功率大、带负载启动性能好、过载能力强、加速性能好、使用寿命长的特点。

③ 电机应在整个运行范围内具有很高的效率，以提高一次充电的续航里程。

④ 电机应能够在汽车减速时实现再生制动，将能量回收并反馈给蓄电池，使得电动汽车具有最佳能量的利用率。

⑤ 电机应可靠性好，能够在较恶劣的环境下长期工作。

⑥ 电机应体积小，重量轻，一般为工业用电机的1/3~1/2。

⑦ 电机的结构要简单坚固，适合批量生产，便于使用和维护。

⑧ 价格便宜，从而能够减少整体电动汽车的价格，提高性价比。

⑨ 运行时噪声低，减少污染。

（5）永磁同步电机

目前，大部分新能源汽车使用永磁同步电机交流电机，因此，此处重点介绍永磁同步电机。永磁同步电机是指转子采用永磁材料励磁的同步电机。

永磁同步电机主要由定子和转子两大部分构成。定子由电枢铁芯和电枢绕组组成；转子主要由永磁体、转子铁芯和转轴等构成，永磁同步电机结构示意图如图2-11所示，永磁同步电机实物如图2-12所示。

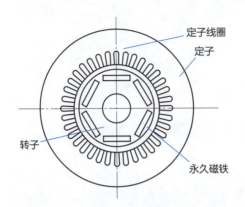

图2-11 永磁同步电机结构示意图

图2-12 永磁同步电机实物

2.2.3 电机控制器

（1）电机控制器的主要功能

电机控制器的功能是根据挡位、加速、制动等指令，将动力蓄电池的直流电转换为驱动电机所需的交流电，来控制新能源汽车的启动运行、进退速度、输出转矩等行驶状态，或者帮助新能源汽车制动，并将部分制动能量存储到动力蓄电池中。电机控制器如图2-13所示，为新能源汽车的关键零部件之一。

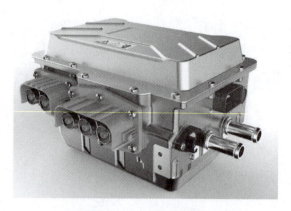

图2-13 电机控制器

电机控制器在电动汽车中的位置如图2-14所示。其中，蓝色线是低压通信线，黑色线是高压动力线。与电机控制器有强电连接关系的部件是电机和动力电池包；电机控制器连接到整车的CAN总线上，可以与中央控制单元、数字仪表、电池管理单元进行通信、交换数据、接收指令。

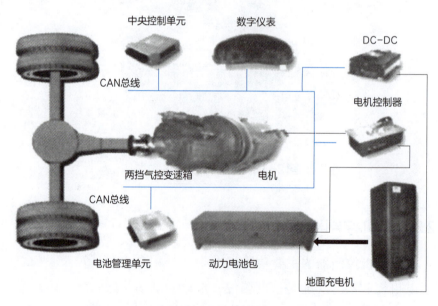

图2-14 电机控制器在新能源汽车中的位置

(2) 电机控制器的组成

电机控制器主要由电子控制模块、驱动模块和功率变换模块组成。

① 电子控制模块

电子控制模块包括硬件电路和相应的控制软件。硬件电路主要包括微处理器及其最小系统，对电机电流、电压、转速、温度等状态的监测电路，各种硬件保护电路，以及与整车控制器、电池管理系统等外部控制单元数据交互的通信电路。控制软件根据不同类型电机的特点实现相应的控制算法。

② 驱动模块

驱动模块将微处理器对电机的控制信号转换为驱动功率变换器的驱动信号，并实现功率信号和控制信号的隔离。

③ 功率变换模块

功率变换模块对电机电流进行控制。电动汽车经常使用的功率器件有大功率晶体管、门极可关断晶闸管、功率场效应管、绝缘栅双极晶体管以及智能功率模块等。

如图2-15所示为无刷直流电机控制器，它除了具有调速功能外，还具有能量回收功能，把制动时整车的动能通过电机发电产生电能回馈到蓄电池，既可以最大限度地减少摩擦制动造成的能量损失，又可以提高新能源汽车的续航里程，降低营运成本，提高营运效率。

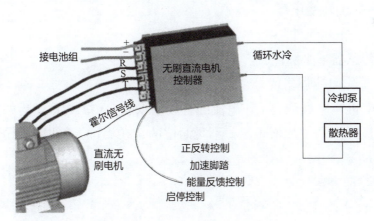

图2-15　无刷直流电机控制器

(3) 电机控制器的型号组成

电机控制器的型号由驱动电机控制器类型代号、工作电压规格代号、信号反馈元件代号、工作电流规格代号、冷却方式代号、预留代号

6部分组成，如图2-16所示。

图2-16　电机控制器的型号

① 控制器类型代号

用电机类型代号前加"K"字母来表示。

② 工作电压规格代号

用电机控制器的标称直流电压除以"10"再取整后的数值来表示；最少以两位数值表示，不足两位的，在十位上冠以0；若为交流供电，电压值均需折算至直流值；输入电压的单位为V。

③ 信号反馈元件代号

M——光电编码器。

X——旋转变压器。

H——霍尔元件。

无传感器不必标注。

④ 工作电流规格代号

用电机控制器最大工作电流的有效值除以"10"再取整后的数值来表示；最少以两位数值表示，不足两位的，在十位上冠以0；输出电流的单位为A。

⑤ 冷却方式代号

S——水冷方式。

Y——油冷方式。

F——强迫风冷方式。

非强迫冷却方式（自然冷却）不必标注。

⑥ 预留代号

用英文大写字母或阿拉伯数字组合表示，其含义由制造商自行确定。

(4) 电机系统接口

新能源汽车驱动电机系统接口包括电气接口、机械接口和冷却液管路接口。

① 电气接口

电气接口是连接驱动电机与控制器、控制器与整车的电气组件,包括动力电气接口及信号电气接口。动力电气接口是连接驱动电机与控制器、控制器与整车的动力电气组件,包括控制器动力输入接口、控制器动力输出接口、电机动力输入接口。信号电气接口是连接驱动电机与控制器、控制器与整车的信号电气组件,包括电机信号电气接口、控制器信号电气接口。

② 机械接口

机械接口是驱动电机系统与相关部件的机械连接部件,包括电机与传动部件接口等。

③ 冷却液管路接口

冷却液管路接口是指驱动电机系统与整车冷却液管路接口。

2.2.4 电源变换器

新能源汽车的电源变换器可分为直流/直流(DC-DC)变换器、直流/交流(DC-AC)变换器、交流/直流(AC-DC)变换器三种。

(1) DC-DC变换器

DC-DC变换器是表示在直流电路中将一个电压值的电能变换为另一个电压值的电能的装置,它分为降压DC-DC变换器、升压DC-DC变换器以及双向DC-DC变换器。

DC-DC变换器主要实现以下功能。

① 驱动直流电机。在小功率直流电机驱动的转向、制动等辅助系统中,一般直接采用DC-DC电源变换器供电。

② 向低压设备供电。负责将200~700V高压直流电转为低压直流电,供给车载低压用电设备使用,如低压蓄电池(12V)、电动助力转向(EPS)、车灯等,DC-DC变换器工作流程如图2-17所示。

③ 给低压蓄电池充电。在电动汽车中,需要高压电源通过降压型DC-DC变换器给低压蓄电池充电。

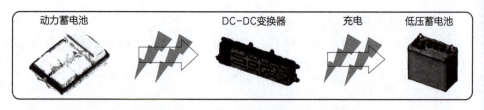

图2-17 DC-DC变换器工作流程

④ 不同电源之间的特性匹配。以燃料电池电动汽车为例，一般采用燃料电池组和动力电池的混合动力系统结构。在能量混合型系统中，采用升压DC-DC变换器；在功率混合型系统中，采用双向DC-DC变换器。

(2) DC-AC变换器

DC-AC变换器是将直流电变换成交流电，也称为逆变器。使用交流电机的电动汽车必须通过DC-AC变换器将蓄电池或燃料电池的直流电变换为交流电。

(3) AC-DC变换器

AC-DC变换器是将交流电压变换成电子设备所需要的稳定直流电压，电动汽车AC-DC的功能主要是将交流发动机发出的交流电变换为直流电提供给用电设备或储能装置储存。

电源变换器在电动汽车上的应用实例如图2-18所示。

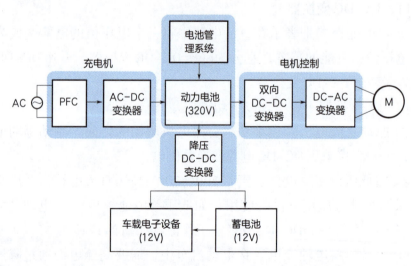

图2-18 电源变换器在电动汽车上的应用实例

新能源汽车动力电池电压为320V，由电池管理系统进行管理和监测，并通过一个车载充电机（含AC-DC变换器）进行充电，交流电压范围是从110V的单相系统到380V的三相系统；动力电池通过一个双向DC-DC变换器和DC-AC变换器来驱动交流电机，同时用于再生制动，将回收的能量存入动力电池；此外，为了将动力电池的320V高电压转换为可供车载电子设备使用和给蓄电池充电的12V电源，需要一个降压DC-DC变换器。

2.2.5 高压配电单元

高压配电单元（PDU）是所有纯电动汽车、插电式混合动力汽车的高压电分配单元，如图2-19所示。高压配电单元将高压电进行合理分配，以达到驱动电机和充电的目的。

图2-19 高压配电单元

高压配电单元总成主要是通过对接触器的控制来将动力电池的高压直流电供给整车高压电器，以及接收车载充电器或是非车载充电器的直流电来给动力电池充电，同时有其他的辅助检测功能，如电流检测、漏电监测等。

高压配电单元功能如表2-3所示。

表2-3 高压配电单元功能

项目	功能	描述
1	高压直流输出（放电）	通过电池管理器控制预充接触器、主接触器等吸合，使放电回路导通，为前后电机控制器、空调负载供电
2	车载充电器单相充电输入	通过电池管理器控制车载充电接触器吸合，使车载充电器充电回路导通，为动力电池充电
3	电流采样	通过霍尔电流传感器采集动力电池正极母线中的电流，为电池管理器提供电流信号
4	高压互锁功能	通过低压信号确认整个高压系统盖子及高压接插件是否已经完全连接，现设计为三个相互独立的高压互锁系统：驱动系统（串接开盖检测）、空调系统、充电系统

2.2.6 车载充电机

车载充电机是固定安装在新能源汽车上的充电机，具有为新能源汽车动力蓄电池安全、自动充满电的能力，车载充电机如图2-20所示。车载充电机依据电池管理系统（BMS）提供的数据，能动态调节充电电流或电压参数，执行相应的动作并完成充电过程。

图2-20 车载充电机

车载充电机由交流输入端口、功率单元、控制单元、低压辅助单元和直流输出端口等组成，其连接示意图如图2-21所示。

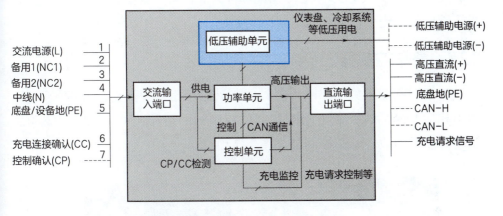

图2-21 车载充电机连接示意图

(1) 交流输入端口

交流输入端口是车载充电机与地面供电设备的连接装置。

(2) 功率单元

功率单元作为充电能量的传递通道，主要包括电磁干扰抑制模块、整流模块、功率因数校正模块、滤波模块、全桥变换模块、直流输出模块几部分，其作用是在控制单元的配合下，把电网的交流电转换成蓄电池需要的高压直流电。

(3) 控制单元

控制单元主要包括原边检测及保护模块、过流检测及保护模块、过压/欠压监测及保护模块、DSP主控模块几部分，其作用是通过电力电子开关器件控制功率单元的转换过程，经闭环控制方式精确完成转换功能，并提供保护功能。

(4) 低压辅助单元

低压辅助单元主要包括CAN通信模块、辅助电源模块、人机交互模块三部分，其作用是为控制单元的电力电子器件提供低压供电及实现系统与外界的联系。

(5) 直流输出端口

直流输出端口是车载充电机与蓄电池之间的连接装置。

车载充电机的优点是不管车载蓄电池在任何时候、任何地方需要充电，只要有充电机额定电压的交流插座，就可以对电动汽车进行充电。

车载充电机的缺点是受电动汽车的空间所限，功率较小，输出充电电流小，蓄电池充电的时间较长。

2.2.7 整车控制器

整车控制器采集加速踏板信号、制动踏板信号及其他部件信号，并做出相应判断后，控制下层的各部件控制器的动作，可实现整车驱动、制动和能量回收。整车控制器如图2-22所示。

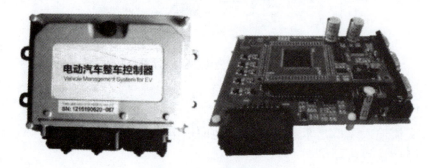

图2-22 整车控制器

（1）整车控制器的组成

整车控制器主要由主控芯片及其最小系统、信号调理电路组成，如图2-23所示。

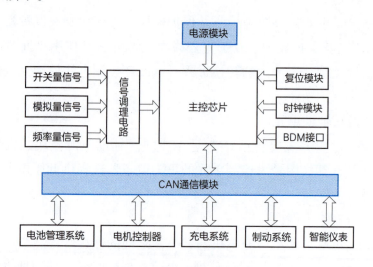

图2-23 整车控制器组成

(2) 整车控制器的功能

新能源汽车整车控制器通过采集加速踏板信号、制动踏板信号和挡位开关信号等驾驶信息，同时接收CAN总线上电机控制器和电池管理系统发出的数据，并结合整车控制策略对这些信息进行分析和判断，提取驾驶员的驾驶意图和车辆运行状态信息，最后通过CAN总线发出指令来控制各部件控制器的工作，保证车辆的正常行驶。

整车控制器的基本功能如图2-24所示。

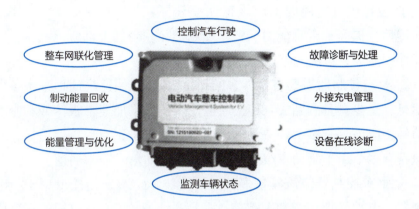

图2-24 整车控制器的基本功能

如图2-25所示是整车控制器实例，它通过采集行车及充电过程中的控制信号，判断驾驶员意图，通过CAN总线对整车电控设备进行管

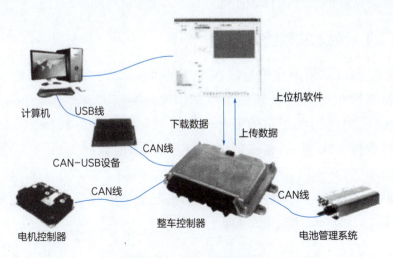

图2-25 整车控制器实例

理、调度，并针对不同车型采用不同的控制策略，实现整车驱动控制、能量优化控制、制动能量回收控制和网络管理。纯电动汽车整车控制器运用了微计算、智能功率驱动、CAN总线等技术，具有动态响应好、采样精度高、抗干扰能力强、可靠性好等特点。

(3) 整车控制器设计要求

根据整车控制网络的构成以及对整车控制器输入输出信号的分析，整车控制器应满足以下技术要求。

① 设计硬件电路时，应该充分考虑电动汽车的行驶环境，注重电磁兼容性，提高抗干扰能力。整车控制器在软硬件上都应该具备一定的自我保护能力，以防止极端情况的发生。

② 整车控制器需要有足够多的I/O接口，以快速准确地采集各种输入信息，至少具备两路A/D转换通道，用于采集加速踏板信号和制动踏板信号，应该具有多个开关量输入通道，用于采集汽车挡位信号，同时应该具有多个用于驱动车载继电器的功率驱动信号输出通道。

③ 整车控制器应该具备多种通信接口，CAN通信接口用于与电机控制器、电池管理系统和车载信息显示系统通信，RS232通信接口用于与上位机通信，同时预留了一个RS-485/422通信接口，可以与不支持CAN通信的设备兼容，如某些型号的车载触摸屏。

④ 不同路况条件下，汽车会遇到不同的冲击和振动，整车控制器应该具备良好的抗冲击性，才能保证汽车的可靠性和安全性。

2.2.8 T-box车载终端

新能源汽车依照国家标准匹配了T-box车载终端，车载终端将新能源汽车数据实时上传新能源汽车国家检测与管理平台，依据GB/T 32960.3—2016国标规定的平台实时信息上报数据共61项，主要有驱动电机数据（10项）、整车数据（11项）、极值数据（11项）、报告数据（10项）、车辆位置数据（3项）、发动机数据（3项）、燃料电池数据（12项）。此外，还有动力蓄电池故障情况下单体数据12项，主要有单体电压（8项）、单体温度（4项）。

2.3 高压部件工作流程

2.3.1 充电过程

新能源汽车充电模式主要有快充和慢充两种,如图 2-26 所示。

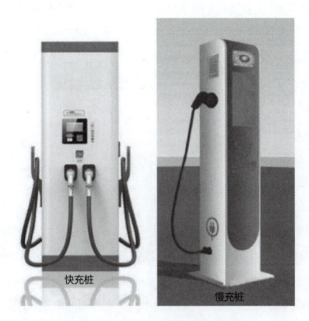

图 2-26 新能源汽车充电模式

(1)快充过程

快充为大功率直流充电,一般采用专门的非车载直流充电机进行充电,这种充电机安装在固定的充电场所,与交流输入电源连接,直流输出端与需要充电的电动汽车充电接口相连接,可以满足电动汽车大功率快速充电的要求;快充对动力电池组的耐压性和保护提出更高要求;充电电流大,是常规充电电流的十倍甚至几十倍。快充时,车辆充电插口直接接入高压充电桩,机柜中直接连接高压直流电,将高压直流电输入车辆高压配电单元(PDU),再导入高压蓄电池包。

优点:0.5h 可以充满电池 80% 的容量。超过 80% 后,为保护电池安全,充电电流变小,充到 100% 的时间将较长。

缺点:充电电压高、电流大,以减少电池充放电循环次数为代价,会对电池造成一定的损坏,降低电池的使用寿命。

(2) 慢充过程

慢充是利用车载交流充电机进行充电,常规充电桩多为慢充,这类充电站一般分布在居民区或工作场所附近。家庭或办公室充电属于慢充,插在220V交流电插座里充电,由于电池是不能接受交流充电的,所以先将220V的交流电转换为直流电再升压到电池的充电电压,如500V直流电,再用这500V的直流电向电池充电。慢充时,充电插口接入220V交流电,交流电通过车载充电机变为高压直流电,再通过车辆高压配电单元(PDU)将电导入动力蓄电池包。

优点:慢充的充电电流和功率都相对较小,对电池寿命比较好,而且用电低峰时充电成本低。

缺点:充电时间过长。

(3) 快充和慢充充电接口

① 快充充电接口

新能源汽车快充充电接口如图2-27所示。直流充电桩输出由9根线组成:CC1和CC2为充电连接确认线路,S+为充电通信线路CAN-H,S-为充电通信线路CAN-L,DC+为直流电源线路正极,DC-为直流电源线路负极,A+为低压辅助电源线路正极,A-为低压辅助电源线路负极,PE为设备地线。

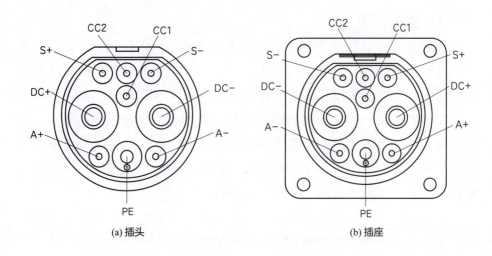

(a) 插头　　　　　　　　　　(b) 插座

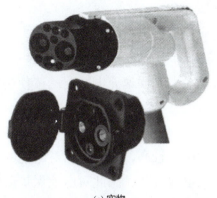

(c) 实物

图 2-27 新能源汽车快充充电接口

② 慢充充电接口

新能源汽车慢充充电接口如图 2-28 所示。交流充电桩输出由 7 根线组成：CC 为充电连接确认线路，CP 为控制引导线路，L 为交流电源线路，NC1 为交流电源线路，NC2 为交流电源线路，N 为中线，PE 为设备地线。

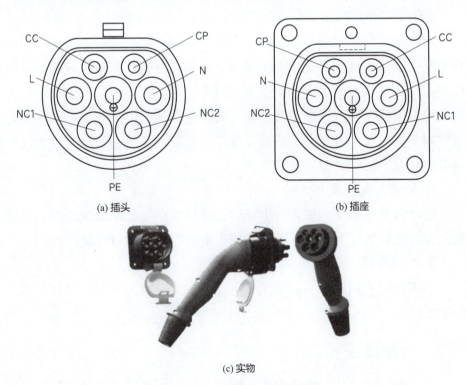

图 2-28 新能源汽车慢充充电接口

(4) 充电注意事项

新能源汽车充电应该注意以下事项。

① 选择充电方式

充电方式分为快速充电和慢速充电，要阅读使用说明书，选择最佳充电方式。

② 快速充电

快速充电的电流和电压较高，短时间内对电池的冲击较大，容易使电池的活性物质脱落和电池发热，因此对电池保护散热方面有更高的要求，并不是每款车型都可快速充电。

③ 常规充电

常规充电即采用随车配备的便携式充电设备进行充电，可使用家用电源或专用的充电桩电源。充电电流较小，一般为16~32A，充电时间为5~8h。

④ 低谷充电

可充分利用电力低谷时段进行充电，降低充电成本。

⑤ 正确掌握充电时间

在使用过程中，应根据实际情况准确把握充电时间，参考平时使用频率及行驶里程情况，把握充电频次。正常行驶时，如果电量表指示红灯和黄灯亮，就应充电；如只剩下红灯亮，应停止运行，尽快充电，否则电池过度放电会严重缩短其寿命。充满电后运行时间较短就充电，充电时间不宜过长，否则会形成过度充电，使电池发热。过度充电、过度放电和充电不足都会缩短电池寿命。

⑥ 避免大电流放电

电动汽车在起步、加速、上坡时，应尽量避免猛踩加速踏板，形成瞬间大电流放电。大电流放电容易损害电池极板的物理性能。

⑦ 半电存储

车辆长期不用时，一般采用半电存储方式，电池电量可以在30%~60%之间。

2.3.2 行驶过程

当车辆行驶时，车辆动力蓄电池包中的高压直流电通过高压配电单元输入到电机控制器,将高压直流电转变为高压交流电驱动电机,如图 2-29 所示。同时,车辆需要动力蓄电池包电量供给车辆低压系统电子电气设备使用,所以需要将动力蓄电池包的高压直流电通过 DC-DC 变换器变为低压直流电。此外,空调/PTC 也需要动力蓄电池包中的高压直流电。

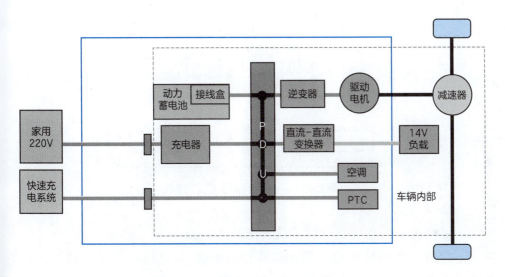

图 2-29　新能源汽车高压部件简图

(1) 纯电动汽车工作模式

① 纯电动汽车单电机驱动工作模式

纯电动汽车单电机驱动系统主要工作模式如图 2-30 所示。

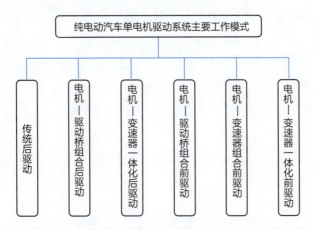

图 2-30　纯电动汽车单电机驱动系统主要工作模式

a.传统后驱动工作模式

传统后驱动工作模式如图2-31所示,它与传统汽车后轮驱动系统的布置方式基本一致,带有变速器、离合器和传动轴,驱动桥与传统汽车驱动桥一样,只是将发动机换成电机。一般用于传统汽车改造型电动汽车。

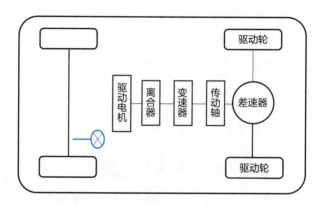

图2-31 传统后驱动工作模式

b.电机—驱动桥组合后驱动工作模式

电机—驱动桥组合后驱动工作模式如图2-32所示,它取消了离合器、变速器和传动轴,但具有减速差速机构,把驱动电机、固定速比的减速器和差速器集成为一个整体,通过2个半轴来驱动车轮。此种布置形式的整个传动长度比较短,传动装置体积小,占用空间小,容易布置,可以进一步降低整车的重量;但对电机的要求较高,不仅要求电机具有较高的启动转矩,而且要求具有较大的后备功率,以保证电动汽车的启动、爬坡、加速超车等动力性。一般低速电动汽车采用这种布置形式。

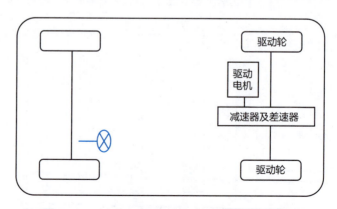

图2-32 电机—驱动桥组合后驱动工作模式

电机—驱动桥组合后驱动工作模式采用的驱动桥与内燃机汽车驱动桥不同，需要电动汽车专用驱动后桥，如图2-33所示。

图2-33 电动汽车专用驱动后桥

c.电机—变速器一体化后驱动工作模式

电机—变速器一体化后驱动工作模式如图2-34所示，相比单一的电机驱动系统，一体化驱动系统可以综合协调控制电机和变速器，最大限度地改善电机输出动力特性，增大电机转矩输出范围，在提升电动汽车动力性的同时，使电机最大限度地工作在高效经济区域内。变速器一般采用2挡自动变速器。

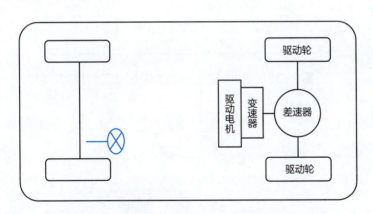

图2-34 电机—变速器一体化后驱动工作模式

电机—变速器一体化后驱动组件如图2-35所示，该驱动组件以一体化为前提来设计电机和变速器，省去了用于从后方连接的部件及空间，从而将轴向尺寸缩小。

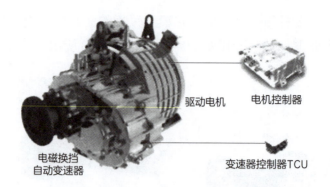

图 2-35 电机—变速器一体化后驱动组件

d. 电机—驱动桥组合前驱动工作模式

电机—驱动桥组合前驱动工作模式如图2-36所示。

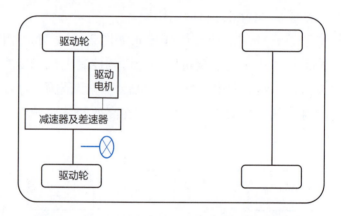

图 2-36 电机—驱动桥组合前驱动工作模式

电机—驱动桥组合前驱动工作模式需要电动汽车专用前驱动转向桥,如图2-37所示。

图 2-37 电动汽车专用前驱动转向桥

e.电机—变速器组合前驱动工作模式

电机—变速器组合前驱动工作模式如图2-38所示,变速器可用2挡自动变速器。

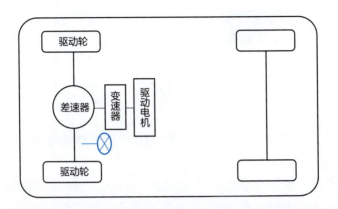

图2-38 电机—变速器组合前驱动工作模式

f.电机—变速器一体化前驱动工作模式

电机—变速器一体化前驱动工作模式如图2-39所示。

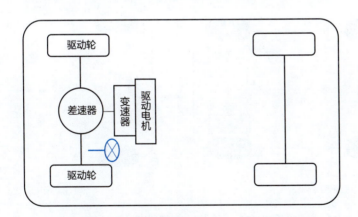

图2-39 电机—变速器一体化前驱动工作模式

② 纯电动汽车双电机驱动工作模式

纯电动汽车双电机驱动工作模式如图2-40所示。

a.单轮独立驱动工作模式

单轮独立驱动系统强调的是每个车轮独立驱动,每个车轮的转矩和转速都是独立控制的,以便汽车获得更好的灵活性和操控性,但与此同

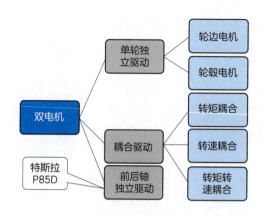

图2-40 纯电动汽车双电机驱动工作模式

时，需要实现电子差速和转矩分配等控制算法，对控制精度要求高，复杂度较大。从电机的角度出发，左右车轮动力要平衡，两台电机必然设计成一致，因此两台电机不能实现差异化互补，电机设计面临低速和高速的平衡矛盾。单轮独立驱动分为轮边电机驱动和轮毂电机驱动两类，其前驱动布置形式如图2-41所示。

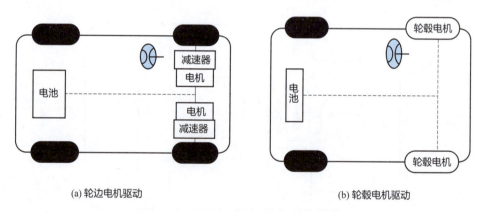

图2-41 单轮独立前驱动布置形式

单轮独立驱动也可以采用后驱动布置形式，轮边电机后驱动布置形式可用于电动客车。

后轮毂电机独立驱动的纯电动汽车大大减少了零部件数量和动力系统的体积，使车辆的动力系统变得更加简单，大大提高了车内空间的实用性和利用率。同时，独立的轮毂电机在驱动车辆方面灵活性更高，能够实现传统车辆难以实现的功能或驾驶特性。

b. 耦合驱动工作模式

耦合驱动工作模式如图2-42所示，双电机共用一个输出，可以等效为一个电机，所以称为耦合驱动。这种形式的优点是能够有效地解决单电机设计矛盾，将一台电机分成两台电机，通过差异化互补，实现等效电机性能优化。

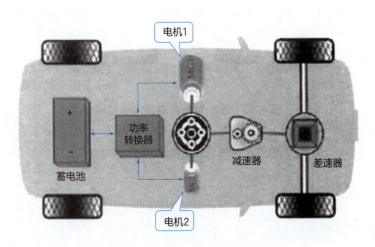

图2-42 耦合驱动工作模式

c. 前后轴独立驱动工作模式

前后轴独立驱动工作模式如图2-43所示。优点是可充分利用整车的重力产生车辆附着力，提高汽车动力性，同时通过两台电机差异化互补设计，既能使系统高效工作，又能降低每台电机的设计难度。

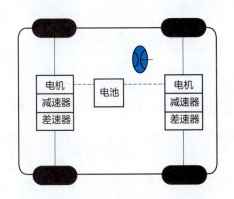

图2-43 前后轴独立驱动工作模式

(2) 混合动力汽车工作模式

① 串联式混合动力电动汽车工作模式

串联式混合动力电动汽车的工作模式主要有纯电驱动模式、纯发动机驱动模式、混合驱动模式、行车充电模式、混合充电模式、再生制动模式和停车充电模式几种。

a. 纯电驱动模式

发动机关闭，由蓄电池向电动机提供电能，驱动车辆行驶。纯电驱动模式如图2-44所示。

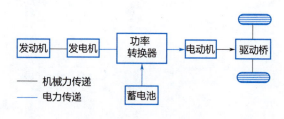

图2-44　纯电驱动模式

b. 纯发动机驱动模式

由发动机—发电机组向电动机提供电能，驱动车辆行驶；蓄电池既不供电，也不从传动系统中获取能量。纯发动机驱动模式如图2-45所示。

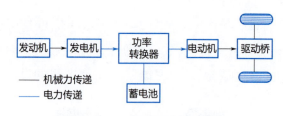

图2-45　纯发动机驱动模式

c. 混合驱动模式

发动机—发电机组和蓄电池共同向电动机提供电能，驱动车辆行驶。混合驱动模式如图2-46所示。

d. 行车充电模式

发动机—发电机组除向电机提供电能驱动车辆行驶以外，同时向蓄电池充电。行车充电模式如图2-47所示。

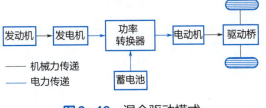

图2-46 混合驱动模式

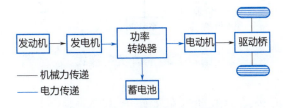

图2-47 行车充电模式

e.混合充电模式

发动机—发电机组和运行在发电机状态下的牵引电动机共同向蓄电池充电。混合充电模式如图2-48所示。

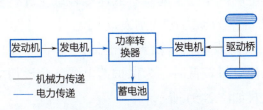

图2-48 混合充电模式

f.再生制动模式

发动机—发电机组关闭,牵引电动机运行处于发电机状态,通过消耗车辆本身的动能产生电功率向蓄电池充电。再生制动模式如图2-49所示。

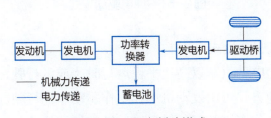

图2-49 再生制动模式

g.停车充电模式

车辆停止行驶,牵引电动机不接收功率,发动机—发电机组仅向蓄电池充电。停车充电模式如图2-50所示。

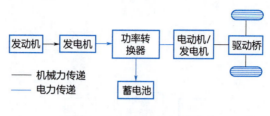

图2-50 停车充电模式

② 并联式混合动力电动汽车工作模式

并联式混合动力电动汽车的工作模式主要有纯电驱动模式、纯发动机驱动模式、混合驱动模式、行车充电模式、再生制动模式和停车充电模式几种。

a.纯电驱动模式

当混合动力电动汽车处于起步、低速等轻载工况且蓄电池的电量充足时,若以发动机作为动力源,则发动机燃料经济性较低,并且排放性能较差。此时关闭发动机,由蓄电池提供能量并以电动机驱动车辆行驶。但当蓄电池电量较低时,为保护蓄电池,应该切换到行车充电模式。纯电驱动模式如图2-51所示。

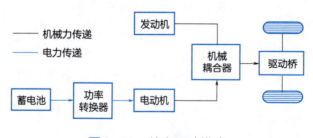

图2-51 纯电驱动模式

b.纯发动机驱动模式

当混合动力电动汽车以高速平稳运行时,或者行驶在城市郊区等排放要求不高的地方,可由发动机单独工作驱动车辆行驶。在这种工作模式下,发动机工作于高效区,燃料经济性较好,传动效率较高。纯发动机驱动模式如图2-52所示。

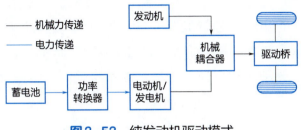

图2-52 纯发动机驱动模式

c.混合驱动模式

当混合动力电动汽车处于急加速或者爬坡时，发动机和电动机均处于工作状态，电动机作为辅助动力源协助发动机，提供车辆急加速或者爬坡时所需的功率。这种情况下，汽车的动力性处于最佳状态。混合驱动模式如图2-53所示。

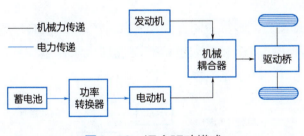

图2-53 混合驱动模式

d.行车充电模式

当混合动力电动汽车处于正常行驶时，若蓄电池荷电状态未达到最高限值，发动机除了要提供驱动车辆所需的动力外，其多余能量用于带动发电机给蓄电池充电。行车充电模式如图2-54所示。

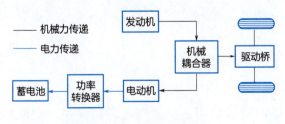

图2-54 行车充电模式

e.再生制动模式

当混合动力电动汽车减速或者制动时,发动机不工作,利用电动机反拖作用不仅可以有效地辅助制动,还可以使电动机以发电机模式工作发电,然后给蓄电池充电,将回收的制动能量存储在蓄电池中,在必要时释放出能量驱动车辆行驶,使能量利用率提高,提高整车燃料经济性,降低排放。再生制动模式如图2-55所示。

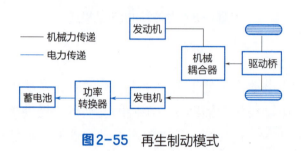

图2-55 再生制动模式

f.停车充电模式

在停车模式中,通常关闭发动机和电动机。但当蓄电池剩余电量不足时,可以启动发动机和电动机,控制发动机工作于高效区并拖动电动机为蓄电池充电。停车充电模式如图2-56所示。

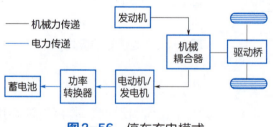

图2-56 停车充电模式

③ 混联式混合动力电动汽车工作模式

混联式混合动力电动汽车的工作模式主要有纯电驱动模式、纯发动机驱动模式、混合驱动模式、行车充电模式、再生制动模式和停车充电模式。

a.纯电驱动模式

车辆由蓄电池通过功率转换器向电动机供电,电动机通过动力合成器提供驱动功率。此时,发动机、发电机处于关闭状态。纯电驱动模式如图2-57所示。

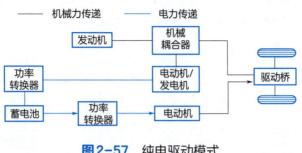

图2-57 纯电驱动模式

b.纯发动机驱动模式

仅由发动机向车辆提供驱动功率,蓄电池既不从传动系统中获取能量,也不提供电能。此时,电动机、发电机处于关闭状态。纯发动机驱动模式如图2-58所示。

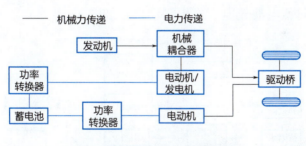

图2-58 纯发动机驱动模式

c.混合驱动模式

车辆的驱动功率由蓄电池和发动机共同提供,并通过动力合成器合成后,向机械传动装置提供动力。混合驱动模式如图2-59所示。

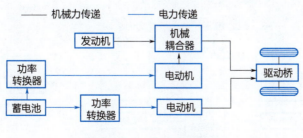

图2-59 混合驱动模式

d.行车充电模式

发动机除提供车辆行驶所需要的驱动功率外,同时向蓄电池提供充电功率。此时,发动机的功率由动力合成器分成两路,一路驱动车辆行驶,一路带动发电机发电给蓄电池充电。行车充电模式如图2-60所示。

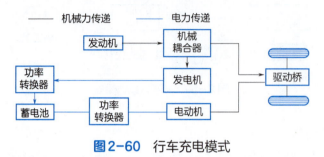

图2-60 行车充电模式

e.再生制动模式

发动机关闭,电动机运行在发电机状态,通过消耗车辆本身的动能产生电功率向蓄电池充电。再生制动模式如图2-61所示。

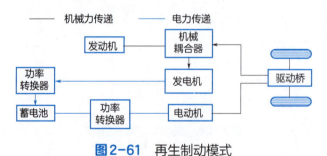

图2-61 再生制动模式

f.停车充电模式

车辆停止行驶,发动机通过动力合成器带动发电机发电,向蓄电池进行充电。停车充电模式如图2-62所示。

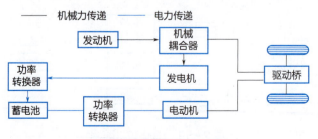

图2-62 停车充电模式

④ 混合动力电动汽车行驶工况

以丰田普锐斯混合动力电动汽车为例介绍其行驶工况。丰田普锐斯混合动力电动汽车行驶工况有启动、低中速行驶、一般行驶、一般行驶/剩余能量充电、全速行驶、减速/能量再生和停车几种。

a. 启动

当汽车启动时，仅使用由蓄电池提供能量的电动机的动力启动，充分利用电动机启动时的低速大转矩，这时发动机并不运转。启动工况如图2-63所示。

图2-63　启动工况

b. 低中速行驶

汽车在低中速行驶时，由混合动力系统使用蓄电池的能量驱动电动机行驶。低中速行驶工况如图2-64所示。

图2-64　低中速行驶工况

c. 一般行驶

一般行驶时，混合动力系统采用发动机/发电机给电动机提高能量，通过电动机驱动行驶。一般行驶工况如图2-65所示。

图2-65　一般行驶工况

d. 一般行驶/剩余能量充电

混合动力系统在高速运转时通过发动机提供能量，而发动机有时会产生多余的能量，这时多余的能量由发电机转换成电力，储存在蓄电池中。一般行驶/剩余能量充电工况如图2-66所示。

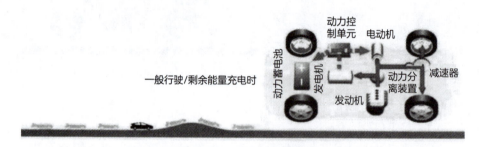

图2-66　一般行驶/剩余能量充电工况

e. 全速行驶

汽车在需要强劲加速力（如爬陡坡或超车）时，发动机和蓄电池同时向电动机提供能量，增大电动机的驱动能力，提高电动汽车的动力性。全速行驶工况如图2-67所示。

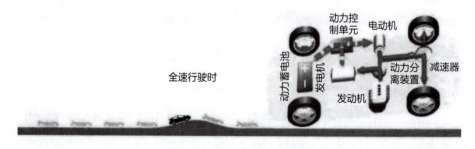

图2-67　全速行驶工况

f.减速/能量再生

当汽车制动减速时,混合动力系统使车轮的旋转力带动电动机运转,将其作为发电机使用,将制动能量回收到蓄电池中进行再利用。减速/能量再生工况如图2-68所示。

图2-68 减速/能量再生工况

g.停车

停车时,发动机和蓄电池都不提供能量。停车工况如图2-69所示。

图2-69 停车工况

第 3 章
新能源汽车保险产品与承保实务

新能源汽车保险属于机动车辆保险中的一个分支。2021年12月，《新能源汽车商业保险专属条款》上线后，才正式提出新能源汽车保险的概念，它是以新能源汽车本身及新能源汽车的第三者责任为保险标的一种运输工具保险。按照险种分类，可以分为交强险和商业险两大类，而商业险又可以具体分为基本险（也称主险）和附加险两个部分。为了便于理解，本章将分交强险和新能源商业保险两个板块进行介绍。

3.1 机动车交通事故责任强制保险

2003年10月28日，第十届全国人民代表大会常务委员会第五次会议通过了《中华人民共和国道路交通安全法》，该法规定："国家实行机动车第三者责任强制保险制度，设立道路交通事故社会救助基金，具体办法由国务院规定"；"机动车发生交通事故造成人身伤亡、财产损失的，由保险公司在机动车第三者责任强制保险责任范围内予以赔偿"。2004年5月1日，《中华人民共和国道路交通安全法》开始施行。

《中华人民共和国道路交通安全法》施行后，机动车第三者责任强制保险受到社会各界的广泛关注，全国有24个省区市陆续通过地方立法或者部门规章要求机动车必须投保机动车第三者责任保险，使得第三者责任险具有了强制的意义。

在《中华人民共和国道路交通安全法》颁布实施的同时，国务院相关部门着手制定《机动车交通事故责任强制保险条例》，于2006年3月21日正式发布了《机动车交通事故责任强制保险条例》，该条例于2006年7月1日起施行。根据《机动车交通事故责任强制保险条例》（以下简称《强制保险条例》）的规定，从2006年7月1日起，各中资保险公司经保监会批准，可以从事机动车交通事故责任强制保险业务。机动车交通事故责任强制保险也称法定汽车责任保险，是在机动车保有量增加、交通事故矛盾日益突出的情况下，国家或地区基于维护社会大众利益考虑，为保障交通事故受害者能获得基本的赔偿，以颁布法律或行政法规的形式实施的机动车责任保险。

机动车交通事故责任强制保险简称交强险，是指当被保险机动车发生道路交通事故对本车人员和被保险人以外的受害人造成人身伤亡和财产损失时，由保险公司在责任限额内予以赔偿的一种具有强制性质的责任保险。交强险自2008年2月1日起正式实施。交强险的保障对象是被保险机动车致害的交通事故受害人，但不包括被保险机动车本车人员、被保险人。其保障内容包括受害人的人身伤亡和财产损失。因此，在《交强险条例》规定下，不管被保险人是否愿意，汽车所有人必须依法投保汽车交强险，以保障交通事故受害者能获得法律支持的基本赔偿。交强险与消费者熟悉的商业三者险在保险种类上属于同一个险种，都是保障道路交通事故中第三方受害人获得及时有效赔偿的险种。尽管保险种类一样，但交强险与商业三者险在赔偿原则、赔偿范围等方面存在本质区别。

2012年3月30日，《国务院关于修改〈机动车交通事故责任强制保险条例〉的决定》修改的具体内容如下，第五条第一款修改为："保险公司经保监会批准，可以从事机动车交通事故责任强制保险业务。"

根据中央人民政府网站公布的条例修改内容及全文，新版《机动车交通事故责任强制保险条例》只有一处修改，修改后的第五条第一款为"保险公司经保监会批准，可以从事机动车交通事故责任强制保险业务。"在2006年7月1日起施行的旧版条例中，允许从事交强险业务的只限于"中资保险公司"。去掉"中资"两个字，意味着中国正式向外资保险公司开放交强险市场，中国保险业进入全面开放阶段。

2012年12月17日，国务院决定对《机动车交通事故责任强制保险条例》增加一条，作为第四十三条："挂车不投保机动车交通事故责任强制保险。发生道路交通事故造成人身伤亡、财产损失的，由牵引车投保的保险公司在机动车交通事故责任强制保险责任限额范围内予以赔偿；不足的部分，由牵引车方和挂车方依照法律规定承担赔偿责任。"本决定自2013年3月1日起施行。

2020年9月3日，中国银行保险监督管理委员会官网发布《关于实施车险综合改革的指导意见》，其中明确规定，提升交强险保障水平，将交强险总责任限额从12.2万元提高到20万元，其中死亡伤残赔偿限额从11万元提高到18万元，医疗费用赔偿限额从1万元提高到1.8万元，财产损失赔偿限额维持0.2万元不变。

2020年9月11日，根据《机动车交通事故责任强制保险条例》的有关规定，在广泛征求意见的基础上，银保监会会同公安部、卫生健康委、农业农村部确定了机动车交通事故责任强制保险（以下简称"交强险"）责任限额的调整方案，会同公安部确定了交强险费率浮动系数的调整方案。

3.1.1 赔付责任及免责范围

机动车交通事故责任强制保险是指由保险公司对被保险机动车发生道路交通事故造成本车人员、被保险人以外的受害人的人身伤亡、财产损失，在责任限额内予以赔偿的强制性责任保险。除国家法律、行政法规另有规定外，交强险合同的保险期间为一年，以保险单载明的起止时间为准。

保险主责是指在中华人民共和国境内（不含港澳台地区），被保险人在使用被保险机动车过程中发生交通事故，致使受害人遭受人身伤亡或者财产损失，依法应当由被保险人承担的损害赔偿责任，保险人按照交强险合同的约定对每次事故在下列赔偿限额内负责赔偿：

死亡伤残赔偿限额为180000元；

医疗费用赔偿限额为18000元；

财产损失赔偿限额为2000元；

被保险人无责任时，无责任死亡伤残赔偿限额为18000元，无责任医疗费用赔偿限额为1800元，无责任财产损失赔偿限额为100元。

死亡伤残赔偿限额和无责任死亡伤残赔偿限额项下负责赔偿丧葬费、死亡补偿费、受害人亲属办理丧葬事宜支出的交通费用、残疾赔偿金、残疾辅助器具费、护理费、康复费、交通费、被扶养人生活费、住宿费、误工费，被保险人依照法院判决或者调解承担的精神损害抚慰金。

医疗费用赔偿限额和无责任医疗费用赔偿限额项下负责赔偿医药费、诊疗费、住院费、住院伙食补助费，必要的、合理的后续治疗费、整容费、营养费。

仅垫付抢救费用的情形：驾驶人未取得驾驶资格的，驾驶人醉酒的，被保险机动车被盗抢期间肇事的，被保险人故意制造交通事故的。

被保险机动车在以上情形下发生交通事故，造成受害人受伤需要抢救的，保险人在接到公安机关交通管理部门的书面通知和医疗机构出具的抢救费用清单后，按照国务院卫生主管部门组织制定的交通事故人员创伤临床诊疗指南和国家基本医疗保险标准进行核实。对于符合规定的抢救费用，保险人在医疗费用赔偿限额内垫付。被保险人在交通事故中无责任的，保险人在无责任医疗费用赔偿限额内垫付。对于其他损失和费用，保险人不负责垫付和赔偿。对于垫付的抢救费用，保险人有权向致害人追偿。

交强险不负责赔偿和垫付的损失和费用：因受害人故意造成的交通事故的损失；被保险人所有的财产及被保险机动车上的财产遭受的损失；被保险机动车发生交通事故，致使受害人停业、停驶、停电、停水、停气、停产、通信或者网络中断、数据丢失、电压变化等造成的损失以及受害人财产因市场价格变动造成的贬值、修理后因价值降低造成的损失等其他各种间接损失；因交通事故产生的仲裁或者诉讼费用以及其他相关费用。

3.1.2　投保人应履行的义务

投保人投保时，应当如实填写投保单，向保险人如实告知重要事项，并提供被保险机动车的行驶证和驾驶证复印件。重要事项包括机动车的种类、厂牌型号、识别代码、号牌号码、使用性质和机动车所有人或者管理人的姓名（名称）、性别、年龄、住所、身份证或者驾驶证号码（组织机构代码）、续保前该机动车发生事故的情况以及保监会规定的其他事项。投保人未如实告知重要事项，对保险费计算有影响的，保险人按照保单年度重新核定保险费计收。

签订交强险合同时，投保人不得在保险条款和保险费率之外，向保险人提出附加其他条件的要求。投保人续保的，应当提供被保险机动车上一年度交强险的保险单。在保险合同有效期内，被保险机动车因改装、加装、使用性质改变等导致危险程度增加的，被保险人应当及时通知保险人，并办理批改手续。否则，保险人按照保单年度重新核定保险费计收。

被保险机动车发生交通事故，被保险人应当及时采取合理、必要的施救和保护措施，并在事故发生后及时通知保险人。发生保险事故后，被保险人应当积极协助保险人进行现场查勘和事故调查。发生与保险赔偿有关的仲裁或者诉讼时，被保险人应当及时书面通知保险人。

3.1.3 交强险保险人承保实务

（1）保险人的说明和告知义务

向投保人提供投保单并附《机动车交通事故责任强制保险条款》（以下简称交强险），向投保人介绍交强险条款，主要包括：保险责任、各项赔偿限额、责任免除、投保人义务、被保险人义务、赔偿处理等内容。其中：关于免除保险人责任的条款内容，必须在投保单上作出足以引起投保人注意的提示，并对该条款的内容以《机动车交通事故责任强制保险投保提示书》等形式向投保人作出明确说明。向投保人明确说明，保险公司按照机动车交通事故责任强制保险费率浮动的有关规定实行交强险的费率浮动。向投保人明确说明，保险人按照国务院卫生主管部门组织制定交通事故人员创伤临床诊疗指南和国家基本医疗保险标准审核医疗费用。告知投保人不要重复投保交强险，即使多份投保也只能获得一份保险保障。告知有挡风玻璃的车辆投保人应将保险标志贴在车内挡风玻璃右上角；告知无挡风玻璃的车辆驾驶人应将保险标志随车携带。对于实行电子保单的地区，可按照当地相关部门规定执行。有条件地区，可告知投保人如何查询交通安全违法行为、交通事故记录。告知投保人应按《中华人民共和国车船税法（2019修正）》规定在投保交强险同时缴纳车船税，法定免税或有完税、免税证明的除外。

保险人应提示投保人在投保时提供行驶证、身份证等相关信息。当地银保监会以及行业协会有手续简化办法的，按当地规定执行。提示投保人对以下重要事项如实告知：机动车种类、厂牌型号、识别代码、发动机号、牌照号码（临时移动证编码或临时号牌）、使用性质；机动车所有人或者管理人的姓名（名称）、性别、年龄、住址、身份证或驾驶证号码（统一社会信用代码）；银保监会规定的其他告知事项。

提示投保人准确提供联系电话、通信地址、邮政编码等联系方式，便于保险人提供保险服务。提示投保人交强险合同解除时，应将纸质保险单等交还保险人进行核销。

保险人可通过随投保单附送或在营业场所张贴等方式，向投保人提供《机动车交通事故责任强制保险投保提示书》，相关内容见表3-1。有条件的地区和公司，可采取一式两份的方式，一份交投保人，一份经投保人签字确认后留存。当地监管部门或保险行业协会另有规定的，按照其规定执行。

表3-1　投保提示书

投保提示书（模板）
尊敬的消费者： 　　为了维护您在投保及使用机动车交通事故责任强制保险（以下简称"交强险"）过程中的合法权益，敬请您注意以下事项： 　　一、投保过程 　　1.为避免虚假保单，请您提高风险意识，通过正规渠道投保。 　　2.请不要重复投保交强险，如需更多保障，您可以购买商业保险。 　　3.请您认真阅读交强险条款，特别是有关保险责任、免除保险人责任的条款、投保人义务、赔偿处理及保险单中的特别约定等内容，有任何不明的地方，均可以要求保险人或其代理人进行解释。 　　4.请您如实填写投保单的各项内容，并提供相应的证明材料；填写完毕后，请在投保单上签字或加盖公章。

续表

5.根据交强险费率浮动相关办法,您的历史交通事故记录、交通违法记录将影响到您本次投保交强险的费率浮动比率,请您关注交强险保费计算中的浮动系数;如您的机动车上年或连续多年未出险、无交通违法记录,请确认已经享受费率优惠。

6.根据《中华人民共和国车船税法(2019修正)》,使用机动车应缴纳车船税,保险公司依法承担代收代缴车船税的义务,请您在投保交强险同时缴纳车船税。

7.办理完投保手续并交纳保费后,请您及时向保险人索要交强险保单正本、交强险标志、发票等重要单证或从保险公司官方网站、手机应用端程序下载电子化单证,并认真核对各项单证所载信息是否正确无误,如发现单证内容有不准确之处,请立即联系保险公司并进行修改。

8.下列损失和费用,交强险不负责赔偿和垫付:
(1)因受害人故意造成的交通事故的损失;
(2)被保险人所有的财产及被保险机动车上的财产遭受的损失;
(3)被保险机动车发生交通事故,致使受害人停业、停驶、停电、停水、停气、停产、通信或者网络中断、数据丢失、电压变化等造成的损失以及受害人财产因市场价格变动造成的贬值、修理后因价值降低造成的损失等其他各种间接损失;
(4)因交通事故产生的仲裁或者诉讼费用以及其他相关费用。

9.下列损失和费用,交强险不负责赔偿,仅负责垫付符合规定的受害人的抢救费用:
(1)驾驶人未取得驾驶资格的;
(2)驾驶人醉酒的;
(3)被保险机动车被盗抢期间肇事的;
(4)被保险人故意制造交通事故的。

对于垫付的抢救费用,保险人有权向致害人追偿。

二、保险期间

10.请将交强险标志放置在被保险机动车指定位置。如使用电子化单证的,如您需要驾车外地旅行,请打印电子化保单和标志并随车携带。

11.在交强险合同有效期内,被保险机动车发生过户、改装、加装、改变使用性质等事由,请您及时通知保险公司并办理批改手续。

12.交强险保险期间一般为1年,合同期满,请及时续保。

三、理赔过程

13.发生交通事故后,请您及时通知交管部门及保险人,及时采取合理、必要的施救和保护措施,并协助保险公司进行现场查勘定损和事故调查。

14.如果事故不涉及人员伤亡和车外财产损失,您可以通过以下方法简化交强险理赔流程:
(1)如果您在交通事故中没有责任,您对对方车辆损失应承担的交强险赔偿金额,可由有责方在其自身的交强险无责任财产损失赔偿限额项下代赔。具体操作办法按《交

续表

强险理赔实务规程》执行。

（2）如果事故各方均有责任，您可以要求您的交强险承保公司在交强险财产损失赔偿限额内对本车损失直接赔付，具体操作办法按《交强险财产损失"互碰自赔"处理办法》执行。

15.请您监督并协助保险人的理赔流程：

（1）保险人收到您的赔偿请求，应当在1个工作日内书面通知您所需提供的相关材料，请您按通知提供与确认保险事故的性质、原因、损失程度等有关的证明和资料。若提供材料不全的，保险人将及时一次性通知您；

（2）保险人应当自收到您提供的证明和资料之日起5日内，对是否属于保险责任作出核实，并将核定结果通知您；

（3）对不属于保险责任的，保险人应当自作出核定之日起3日内向您发出拒绝赔偿通知书，书面说明理由；对属于保险责任的，保险人应在与您达成赔偿协议后10日内，履行赔偿义务。

××公司咨询报案电话：×××××××

您也可以登录承保公司网站、移动端应用程序查询您的交强险保单信息、状态以及理赔情况。

（2）投保单填写与录入

保险人应指导投保人真实、准确地填写投保单的各项信息，并在投保单上签字或签章，填写要求如下。

对于在原承保公司续保的业务，车辆信息以及投保人、被保险人信息均未发生变更的，投保单仅需填写上年保单号即可；信息发生变化的，仅需填写上年保单号和变更后的相关信息；对于新保或从其他承保公司转保过来的业务，投保单至少应当载明号牌号码（临时移动证编码或临时号牌）、机动车种类、使用性质、发动机号、识别代码（车架号）、厂牌型号、排量、功率、登记日期、核定载客人数或核定载质量，投保机动车所有人或者管理人的姓名（名称）、性别、年龄、住所、身份证或者驾驶证号码（统一社会信用代码）。保险人应准确、完整地在系统中录入投保单各项信息。

号牌号码由汉字、大写字母、阿拉伯数字组成，录入时一律不允许添加点、杠、斜杠或其他任何符号。投保时还未上牌的新车，若当地交管部门对号牌号码的录入规则有特殊要求的，可按交管部门的要求进行录入；没有要求的，不作统一规定，允许为空。核发正式号牌后请投保人及时办理批改手续。

投保人提供的资料复印件应附贴于投保单背面并加盖骑缝章。对于以网络及其他电子形式投保的，保险公司可进行电子化存档。

投保人可与保险人约定交强险保险期间的起止时点，但交强险保险期间的起保时点必须在保险人接受投保人的投保申请时点及确认全额保费入账时点之后。

交强险的保险期间为1年，但有下列情形之一的，投保人可以投保短期保险：

① 境外机动车临时入境的；

② 机动车距报废期限不足一年的；

③ 机动车临时上道路行驶的（如领取临时牌照的机动车、临时提车、到异地办理注册登记的新购机动车等）；

④ 银保监会规定的其他情形。

（3）保险费计算

保险人须按照银保监会审批的《交强险费率方案》和交强险费率浮动相关办法计算并收取保险费。

投保人投保保险期间小于7日短期险的，计算公式为：短期费率 = 基础保险费 × 7/365。

投保人投保保险期间大于或等于7日短期险的，计算公式为：短期费率 = 基础保险费 × n/365（n 为投保人的投保天数）。公式的最终计算结果如为小数，则四舍五入取整为元。

机动车临时上道路行驶或境外机动车临时入境投保短期交强险的，交强险费率不浮动。机动车距报废期限不足一年的，根据交强险短期基准保险费并按照交强险费率浮动相关办法进行浮动。短期险保险期限内未发生道路交通事故的，投保下一完整年度交强险时，交强险费率不下浮。保险费必须一次全部收取，不得分期收费。

警车、普通囚车按照其行驶证上载明的核定载客数，适用对应的机关非营业客车的费率。

"半挂牵引车"的吨位按下列规则确定：

① 机动车行驶证中记载有"核定载质量"的，以核定载质量为准；

② 机动车行驶证中没有记载"核定载质量"的，以该车"准牵引总质量"作为吨位；

③ 通过上述两种方式仍无法确定吨位的，视为10吨以上货车。

④ 低速载货汽车与三轮汽车不执行费率浮动。

除交强险费率浮动相关办法中规定的费率优惠外，保险人不得给予投保人任何返还、折扣和额外优惠。保险公司在签发保险单以前，应当向投保人出具《交强险费率浮动告知单》，经投保人签章（个人车辆签字即可）确认后，再出具保险单、保险标志。对于首次投保交强险的车辆，保险人不需要出具《交强险费率浮动告知单》。

（4）出具保险单、保险标志

交强险执行见费出单管理制度：交强险保险单必须在系统根据全额保费入账收费信息实时确认并自动生成唯一有效指令后，方可出具正式保险单、保险标志；交强险定额保险单应在收取全额保险费后方可出具保险单、保险标志。有条件的地区和公司，可要求交强险定额保单也在系统根据全额保费入账收费信息实时确认并自动生成唯一有效指令后，方可出具正式保险单、保险标志。交强险保险单必须单独编制保险单号码并通过业务处理系统出具。交强险必须单独出具保险单、保险标志、发票。保险单、保险标志必须使用银保监会监制的交强险保险单、保险标志，不得使用商业保险单证或其他形式代替。

交强险保险单和交强险定额保险单由正本和副本组成。正本由投保人或被保险人留存；业务留存联由保险公司留存，公安交管部门留存联由保险公司加盖印章后交投保人或被保险人，由其在注册登记或检验时交公安交管部门留存。已经建立车险信息平台并实现与公安交管部门互联的地区，可根据当地的统一要求，不使用公安交管部门留存联。

交强险标志分为电子化标志、纸质标志两种。保险公司向投保人签发电子保单的，应提示投保人在投保地之外行驶时打印电子化标志并随车携带。纸质标志包含内置型交强险标志和便携型交强险标志两种，具有前挡风玻璃的投保车辆应签发内置型保险标志；不具有前挡风玻璃的投保车辆应签发便携型保险标志，如：无挡风玻璃的摩托车、拖拉机、挂车可签发便携式保险标志。内置型保险标志可不加盖业务章，便携式保险标志必须加盖保险公司业务专用章。

交强险单证和交强险标志的使用应符合下列要求：

① 投保车辆必须使用交强险保单，除摩托车、拖拉机或其他经银保监会同意的业务可以使用定额保险单。定额保险单应取消手工出单，对于确需要手工出具的，必须在出具保险单后的7个工作日内，准确补录到业务处理系统中。

② 保险公司签发交强险单证或交强险标志时，有关内容不得涂改，涂改后的交强险单证或交强险标志无效。

③ 未取得牌照的新车，可以用完整的车辆发动机号或车辆识别代码代替号牌号码打印在交强险保险标志上。

④ 已生效的交强险单证或交强险标志发生损毁或者遗失时，交强险单证或交强险标志所有人应向保险公司申请补办。保险公司在收到补办申请并审核后，通过业务系统重新打印保险单、保险标志。重新打印的交强险单证或保险标志应与原交强险单证或交强险标志的内容一致。新保险单、保险标志的印刷流水号码与原保险单号码能够通过系统查询到对应关系。

(5) 保险合同解除和变更

投保人故意或者因重大过失对重要事项未履行如实告知义务，保险人行使解除合同的权利前，应当书面通知投保人，投保人应当自收到通知之日起5日内履行如实告知义务；投保人在上述期限内履行如实告知义务的，保险人不得解除合同。保险人的合同解除权自保险人知道有解除事由之日起，超过30日不行使而消灭。

保险人解除合同的，保险人应收回交强险保险单等，并可以书面通知机动车管理部门。对于投保人无法提供保险单和交强险标志的，投保人应向保险人书面说明情况并签字（章）确认，保险人同意后可办理退保手续。除下列情况外，保险人不得接受投保人解除合同的申请：

① 被保险机动车被依法注销登记的；

② 被保险机动车办理停驶的；

③ 被保险机动车经公安机关证实丢失的；

④ 投保人重复投保交强险的；

⑤ 被保险机动车被转卖、转让、赠送至车籍所在地以外的地方（车籍所在地按地市级行政区划划分）；

⑥ 新车因质量问题被销售商收回或因相关技术参数不符合国家规定交管部门不予上户的。

办理合同解除手续时，投保人应提供相应的证明材料。投保人因重复投保解除交强险合同的，只能解除保险起期在后面的保险合同，保险人全额退还起期在后面的保险合同的保险费，出险时由起期在前的保险合同负责赔偿。

被保险机动车被转卖、转让、赠送至车籍所在省（自治区、直辖市）以外的地方，如不解除原交强险合同，机动车受让人承继原被保险人的权利和义务；投保人或受让人要求解除原交强险合同的，须持机动车所有权转移证明和原交强险保单原件办理原交强险合同的退保手续，受让人应在机动车新入户地区重新投保交强险，新投保的交强险费率不浮动。

新车因质量问题或相关技术参数不符合国家规定导致投保人放弃购买车辆或交管部门不予上户的，投保人能提供产品质量缺陷证明、销售商退车证明或交管部门的不予上户证明的，保险人可在收回交强险保单和保险标志情况下解除保险合同。

发生以下变更事项时，保险人应对保险单进行批改，并根据变更事项增加或减少保险费：

① 被保险机动车转卖、转让、赠送他人（指本地过户）；

② 被保险机动车变更使用性质；

③ 变更其他事项。

禁止批改交强险的保险期间，营业性机动车按《停驶机动车交强险业务处理暂行办法》（中保协发[2009]68号）办理保险期间顺延的除外。上述批改按照日费率增加或减少保险费。

发生下列情形时，保险人应对保险单进行批改，并按照保单年度重新核定保险费计收：

① 投保人未如实告知重要事项，对保险费计算有影响的，并造成按照保单年度重新核定保险费上升的；

② 在保险合同有效期限内，被保险机动车因改装、加装、使用

性质改变等导致危险程度增加，未及时通知保险人，且未办理批改手续的。

交强险合同有效期内停驶的营业性机动车可以办理保险期间顺延，停驶机动车在交强险合同有效期内只能办理1次保险期间顺延，顺延期间最短不低于1个月，最长不超过4个月。具体操作办法按《停驶机动车交强险业务处理暂行办法》（中保协发[2009]68号）执行。

3.2 新能源汽车商业保险

3.2.1 新能源汽车商业保险产品介绍

顾名思义，新能源汽车商业保险就是专门为新能源汽车出台的商业保险条款。保险合同中的被保险新能源汽车是指在中华人民共和国境内（不含港澳台地区）行驶，采用新型动力系统，完全或主要依靠新型能源驱动，上道路行驶的供人员乘用或者用于运送物品以及进行专项作业的轮式车辆、履带式车辆和其他运载工具，但不包括摩托车、拖拉机、特种车。

随着近年来我国新能源汽车的迅速发展，新能源汽车保有量越来越多。新能源汽车在使用过程中，除了传统的交通意外风险外，动力电池起火、爆燃引发的重大事故构成了新的风险因素。对于这些风险，需要进行产品创新，在保险保障和保险服务上实现升级。因此，为充分发挥保险保障功能，服务国家"碳达峰""碳中和"战略目标，支持国家新能源汽车产业发展，在中国银保监会的指导下，中国保险行业协会发布了《新能源汽车商业保险专属条款（试行）》。

3.2.2 新能源汽车商业保险与机动车综合商业保险差异

燃油车以发动机为动力，而新能源汽车的核心动力系统是由"三电"组成，提速更快，启动过程中噪声更小，因此新能源汽车的风险发生概率有很大不同。另外，购买新能源汽车的车主，往往需要配置充电桩，由于充电设备自身设计的缺陷，充电过程中容易发生起火等事故。

以上这些风险，传统燃油车险的保障是有缺陷的，根本没有针对新能源汽车的专属保障。万一发生事故，理赔时存在很大的争议。而新能源汽车专属条款更匹配新能源汽车的实际使用场景与风险，车损险保险责任覆盖了电池、三电系统等新能源汽车特有的构造，明确了社会各界广泛关注的起火燃烧责任，同时也通过附加险拓展了充电桩、外部电网等风险因素，提供更全面的保险保障。本节主要介绍《中国保险行业协会新能源汽车商业保险示范条款（试行）》与《机动车综合商业保险示范条款（2020版）》的差异。

（1）车损险责任的变化

在车损险的保险责任中，新能源汽车专属条款将起火燃烧单独列明，将电池、电机及驱动系统单独列明，明确了充电时出险属于保险责任，更加方便客户理解，详见表3-2。

表3-2　车损险责任的变化

《机动车综合商业保险示范条款（2020版）》	《中国保险行业协会新能源汽车商业保险示范条款（试行）》
第六条　保险期间内，被保险人或被保险机动车驾驶人（以下简称"驾驶人"）在使用被保险机动车过程中，因自然灾害、意外事故造成被保险机动车直接损失，且不属于免除保险人责任的范围，保险人依照本保险合同的约定负责赔偿。	第六条　保险期间内，被保险人或被保险新能源汽车驾驶人（以下简称"驾驶人"）在使用被保险新能源汽车过程中，因自然灾害、意外事故（含起火燃烧）造成被保险新能源汽车下列设备的直接损失，且不属于免除保险人责任的范围，保险人依照本保险合同的约定负责赔偿。 （一）车身； （二）电池及储能系统、电机及驱动系统、其他控制系统； （三）其他所有出厂时的设备。 使用包括行驶、停放、充电及作业。

（2）车损险除外责任变化

新能源汽车的动力电池，是新能源汽车重要的组成部分，其成本占整车成本的50%以上，随着使用次数的增加和使用年限的增加，储电性能衰减是不可避免的，新能源汽车专属条款将电池衰减作为明确的除外责任进行了列明，避免了日后理赔时的纠纷。同时，将外部电网故障导致新能源汽车车辆的损失，也列明属于除外责任，详见表3-3。

表3-3　车损险除外责任变化

《机动车综合商业保险示范条款（2020版）》	《中国保险行业协会新能源汽车商业保险示范条款（试行）》
第十一条　下列损失和费用，保险人不负责赔偿： （一）因市场价格变动造成的贬值、修理后因价值降低引起的减值损失； （二）自然磨损、朽蚀、腐蚀、故障、本身质量缺陷； （三）投保人、被保险人或驾驶人知道保险事故发生后，故意或者因重大过失未及时通知，致使保险事故的性质、原因、损失程度等难以确定的，保险人对无法确定的部分，不承担赔偿责任，但保险人通过其他途径已经知道或者应当及时知道保险事故发生的除外； （四）因被保险人违反本条款第十五条约定，导致无法确定的损失； （五）车轮单独损失，无明显碰撞痕迹的车身划痕，以及新增加设备的损失； （六）非全车盗抢、仅车上零部件或附属设备被盗窃。	第十一条　下列损失和费用，保险人不负责赔偿： （一）因市场价格变动造成的贬值、修理后因价值降低引起的减值损失； （二）自然磨损、电池衰减、朽蚀、腐蚀、故障、本身质量缺陷； （三）投保人、被保险人或驾驶人知道保险事故发生后，故意或者因重大过失未及时通知，致使保险事故的性质、原因、损失程度等难以确定的，保险人对无法确定的部分，不承担赔偿责任，但保险人通过其他途径已经知道或者应当及时知道保险事故发生的除外； （四）因被保险人违反本条款第十五条约定，导致无法确定的损失； （五）车轮单独损失，无明显碰撞痕迹的车身划痕，以及新增加设备的损失； （六）非全车盗抢、仅车上零部件或附属设备被盗窃； （七）充电期间因外部电网故障导致被保险新能源汽车的损失。

（3）第三者保险责任变化

新能源汽车专属条款的第三者责任中，列明了车辆起火状态造成他人的损失及行驶、停放、充电状态出险属于保险责任，便于客户理解，减少理赔纠纷，详见表3-4。

表3-4　第三者保险责任变化

《机动车综合商业保险示范条款（2020版）》	《中国保险行业协会新能源汽车商业保险示范条款（试行）》
第二十条　保险期间内，被保险人或其允许的驾驶人在使用被保险机动车过程中发生意外事故，致使第三者遭受人身伤亡或财产直接损毁，依法应当对第三者承担的损害赔偿责任，且不属于免除保险人责任的范围，保险人依照本保险合同的约定，对于超过机动车交通事故责任强制保险各分项赔偿限额的部分负责赔偿。	第二十条　保险期间内，被保险人或其允许的驾驶人在使用被保险新能源汽车过程中发生意外事故（含起火燃烧），致使第三者遭受人身伤亡或财产直接损毁，依法应当对第三者承担的损害赔偿责任，且不属于免除保险人责任的范围，保险人依照本保险合同的约定，对于超过机动车交通事故责任强制保险各分项赔偿限额的部分负责赔偿。 使用包括行驶、停放、充电及作业。

（4）附加险的变化

与传统燃油车不同，针对新能源汽车在充电过程可能发生的风险，新颁布的新能源汽车商业保险中，新增加了以下附加险：

① 附加外部电网故障损失险

投保了新能源汽车损失保险的新能源汽车，可投保本附加险。保险期间内，投保了本附加险的被保险新能源汽车在充电期间，因外部电网故障，导致被保险新能源汽车的直接损失，且不属于免除保险人责任的范围，保险人依照本保险合同的约定负责赔偿。

发生保险事故时，被保险人为防止或者减少被保险新能源汽车的损失所支付的必要的、合理的施救费用，由保险人承担；施救费用数额在被保险新能源汽车损失赔偿金额以外另行计算，最高不超过主险保险金额。

② 附加自用充电桩损失保险

投保了新能源汽车损失保险的新能源汽车，可投保本附加险。保险金额为2000元、5000元、10000元或20000元，由投保人和保险人在投保时协商确定。

保险期间内，保险单载明地址的，被保险人的符合充电设备技术条件、安装标准的自用充电桩，因自然灾害、意外事故、被盗窃或遭他人损坏导致的充电桩自身损失，保险人在保险单载明的本附加险的保险金额内，按照实际损失计算赔偿。责任免除包括投保人、被保险人或驾驶人故意制造保险事故。

发生保险事故后，保险人依据本条款约定在保险责任范围内承担赔偿责任，赔偿方式由保险人与被保险人协商确定。赔款=实际修复费用–被保险人已从第三方获得的赔偿金额。

在保险期间内，累计赔款金额达到保险金额，本附加险保险责任终止。

③ 附加自用充电桩责任保险

投保了新能源汽车第三者责任保险的新能源汽车，可投保本附加险。责任限额由投保人和保险人在投保时协商确定。

保险期间内，保险单载明地址的，被保险人的符合充电设备技术条件、安装标准的自用充电桩造成第三者人身伤亡或财产损失，依法应由被保险人承担的损害赔偿责任，保险人负责赔偿。因被保险人的故意行为导致的事故属于责任免除范围。

（5）名词释义的变化

相较于传统汽车商业条款，新颁布的新能源汽车商业保险中，新增加了以下新的名词解释：

①【新能源汽车】指采用新型动力系统，完全或者主要依靠新型能源驱动的汽车，包括插电式混合动力（含增程式）汽车、纯电动汽车和燃料电池汽车等三种。

②【外部电网故障】外部电网无法提供正常服务或降低服务质量的状态。

③【电池衰减】动力电池不能满足特定的容量、能量或功率性能标准。

3.2.3　新能源汽车保险投保建议

2021年12月，新能源汽车保险条款正式上线。此后，所有新保和续保的新能源汽车（摩托车、拖拉机、特种车除外）统一适用《新能源汽车示范条款（试行）》承保，不再适用《中国保险行业协会机动车商业保险示范条款（2020版）》。消费者可以通过保险公司的柜面、电话销售、APP软件、官方网站或保险代理公司、4S店等具备保险业务销售资格的正规渠道进行购买。为了解答广大新能源汽车主对保险产品的咨询需求，本章将根据不同新能源汽车保险产品的应用场景，列举不同的投保方案，供广大新能源汽车车主选择。

新能源汽车保险产品的选择，除了产品保险责任以外，还要结合自身经济状况、驾驶员水平、投保车辆状况、所在地区气候气象情况等多种维度，综合考量。目前，影响新能源汽车保险保费的费率系数包括车龄系数、车型系数、主驾人性别、年龄系数、是否指定驾驶员、无赔优待、投保方式、承保数量、所在地区以及车损险设置不同绝对免赔下的保费调整系数等多项。

在车龄、车型、车主性别、年龄、所在地区等几项费率系数不做变动的情况下，车主可通过对部分费率系数的选择实现基准保费的调整，从而达到车辆的最大保障和最合理保费的绝优组合，常见投保组合建议如下：

(1) 基本保障方案

险种组合：机动车交通事故责任强制保险+第三者责任险。

保障范围：保障因发生交通事故，给对方造成的人员伤害及财产损失。

特点：交通意外事故是常见风险，一旦发生重大人员伤害或者碰撞高档豪华车辆所造成的损失，交强险的赔偿限额往往无法覆盖。从风险可承受角度考虑，交通事故对自身车辆造成的最大损失无非是车辆报废，损失控制在一个确定的范围内，而给第三者造成的人身伤害损失赔偿，可能是巨额的，作为普通车辆消费者来说是无法承担的。因此，为了规避"卖房赔偿"的情况出现，投保商业第三者责任保险就十分必要。

(2) 经济保险方案

险种组合：机动车交通事故责任强制保险+车辆损失险+第三者责任险。

这个险种组合方案，涵盖了新能源汽车可能面对的大多数风险赔偿责任，发生交通事故后，无论是自身车辆修复的费用，还是给对方造成的损失，都可以得到保险公司赔偿，可以将自身损失降到最低，是大多数车主的选择。

(3) 全面保险方案

险种组合：机动车交通事故责任强制保险+车辆损失险+第三者责任险+附加险（附加外部电网故障损失险+附加自用充电桩损失保险+附加自用充电桩责任保险）。

由于新能源汽车比传统燃油车增加了充电环节，因此充电过程中可能引发充电设备损坏，充电桩责任需要新能源汽车主格外注意，可以通过加保附加险的方式进行风险转移。

3.2.4 新能源汽车保险投保流程

目前，新能源汽车保险投保流程与传统燃油车投保流程一致，都是保险人在投保人提出投保请求时，经审核其投保内容后，同意接受其投保申请，并按照有关保险条款承担保险责任的过程。一般先由从事展业的人员为客户制定保险方案，客户提出投保申请，经保险公司核保后，双方共同订立保险单，具体流程详见图3-1。

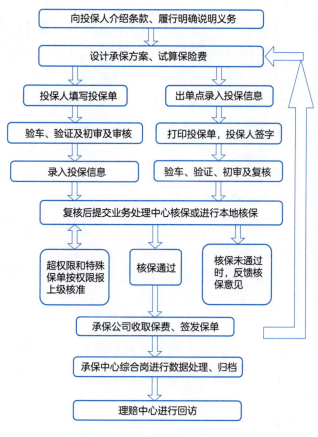

图3-1　新能源汽车投保流程

（1）展业

包括保险方案设计、投保工作细则和验车三部分，工作细则为保险人履行明示告知义务。客户投保时需要提供车辆行驶证（新车没有行驶证的应提供购车发票、合格证、车辆临时号牌）。保险公司在订立保险合同时，应确认投保人与被保险人的关系，核对投保人和被保险人的有效身份证件或者其他身份证明文件，登记投保人、被保险人身份基本信息，并留存有效身份证件或者其他身份证明文件的复印件或者影印件。

保前验车是承保的重要环节，可以有效防止风险逆选择，展业人员对于属于验车范围的车辆必须按规定做好验车工作。

(2) 初审

初审人员根据公司《投保单填写规范》和验车工作要求对投保单和验车单进行审核。

(3) 录单

在核心业务系统中录入投保单或批单；注意各项承保要素之间的逻辑关系，不能违背费率规章或当地市场的监管规定。

(4) 核保

核保人在系统中审核投保单、验车照片及拓印的发动机号和车架号及其他承保资料，根据投保单内容审核投保单是否符合所选择的费率表适用条件，审核验车情况及公司核保政策的规定，决定是否承保及具体的承保条件。

(5) 交费

交费是承保管理中的重要环节，也是保单生效的前提条件。目前，在全国范围内普遍实施的车险"见费出单"管理制度，改变了车险原有的管理流程，有效控制了公司应收保费的管理风险。

(6) 出单

对于已交费且生成保单号的保单，由出单员负责打印保险凭证。

(7) 送单

销售人员应及时将保单正本、发票正本保险条款等保险凭证送达客户手中，履行告知义务。

(8) 归档

出单员应妥善保管有价单证，每天工作结束应将投保单、保险单、保费收据、保险证等进行清分归类。

3.2.5 保险人承保实务

为落实中国银保监会对于新能源汽车商业保险示范产品承保相关工作的要求，方便各个环节的工作人员更加直观、明确地了解及掌握新能源汽车承保流程各项相关规定，理顺流程，提高出单准确性及效率，本节将从保险人的说明和告知义务、投保单填写与录入、缴费承保及单证、合同的解除与变更、核保及内控管理、增值服务规则六个部分进行介绍。

（1）保险人的说明和告知义务

① 保险人须履行的说明义务

向投保人提供投保单并附《新能源汽车示范条款（2021版）》，向投保人介绍条款，主要包括保险责任、保险金额、保险价值、责任免除、投保人义务、被保险人义务、赔偿处理等内容。对于新能源汽车客户，由《商业车险示范条款（2020版）》转换为《新能源汽车示范条款（2021版）》，需重点说明两个条款之间的差异，新增附加险的保险责任、责任免除、赔偿处理等内容。向投保人明确说明保险公司按照《机动车商业保险无赔款优待优化方案（2020版）》（中保协发〔2020〕51号）的要求与规则实行商业险费率浮动。关于免除保险人责任的条款内容必须在投保单上做出足以引起投保人注意的提示，并对该条款的内容以《免责事项说明书》形式向投保人做出明确说明。向投保人明确说明，投保人拿到保险单后应对保险单载明的信息进行核对，发现与事实不符的信息，应马上通知保险人并办理书面批改手续。保险人在履行如实告知义务时应客观、准确、全面，实事求是，不得故意隐瞒关键信息误导客户。

② 保险人应提醒投保人履行如实告知义务

提示投保人阅读条款，尤其是责任免除部分，以网络或其他电子形式开展业务的，应提示投保人通过点击相关网络链接或手机应用程序页面按钮等形式，确认已履行如实告知义务，方可进入下一操作环节；仍使用纸质版本的，需提醒投保人在《免责事项说明书》的"投保人声明页"的方格内，手书免责事项说明书列明的文字"保险人已明确说明免除保险人责任条款的内容及法律后果"并签名（或盖章），随后保险公司须收回"投保人声明"页，与其他投保资料一并存档。

提示投保人提供以下告知资料。对于新车投保、未留存有效资料的续保及其他保险公司转保的客户，保险公司须提示投保人提供身份证明及行驶证复印件。国产新车尚未取得行驶证的，可提供新车购置发票复印件或出厂合格证复印件代替；进口新车尚未取得行驶证的，可提供新车购置发票复印件或货物进口证明书复印件代替；二手车尚未取得行驶证的，可提供二手车交易发票或车辆登记证书代替。对于续保客户，如之前提供的人员及车辆证件均在有效期且信息未调整，投保人无须再次提供其他相关资料。

提示投保人如实、准确提供如下信息，并对投保人告知的信息进行核对。投保人、被保险人及行驶证车主：自然人提供姓名、身份证号（或其他有效证件号码）、联系电话、地址等人员信息；法人提供法人名称、统一社会信用代码（或其他有效证件号码）、联系电话、地址等法人信息。如委托经办人办理的，须留存委托书、经办人身份信息及联系方式等相关信息。车辆种类、厂牌型号、识别代码、发动机号、号牌号码、使用性质、能源（燃料）种类为纯电动、燃料电池、插电式混合动力（含增程式）等车辆信息及投保的险种、保额等信息。

投保附加自用充电桩损失保险、附加自用充电桩责任保险的，还应提供每个投保充电桩型号、编码、坐落地址、充电桩照片等信息；每个投保充电桩照片不少于3张，包括能清晰反映充电桩安装地址、型号/编码、二维码等信息的照片；充电桩无型号、编码及型号、编码为手写的充电桩不能投保。

提示投保人不履行如实告知义务可能导致的法律后果。投保人故意或因重大过失未履行如实告知义务，足以影响保险人决定是否同意承保或提高保险费率的，保险人有权解除合同。投保人故意不履行如实告知义务的，保险人对于合同解除前发生的保险事故，不承担赔偿保险金的责任，并不退还保险费。投保人因重大过失未履行如实告知义务，对保险事故的发生有严重影响的，保险人对于合同解除前发生的保险事故，不承担赔偿保险金的责任，但应当退还保险费。在合同有效期内，被保险机动车被转让、改装、加装或改变使用性质等，导致被保险机动车危险程度显著增加，投保人或被保险人应当及时通知保险人，保险人有权要求增加保险费或者解除合同，否则对因保险标的危险程度显著增加而发生的保险事故保险人不承担赔偿责任。

提示投保人提供准确、便捷的联系方式，包括联系电话、通信地址、邮政编码、邮箱等联系方式，便于保险人提供保险服务。

提示投保人解除合同时及时交还相关单证，如投保人领取了纸质保单，应将保险单正本交还保险人进行归档、核销，如有遗失需提供相关说明材料。

③ 保险人通过以下方式履行说明义务

保险人应在本公司官方网站、微信公众号、手机移动端等应用程序的显著位置设置《新能源汽车示范条款（2021版）》及配套《免责事项说明书》的链接，并在营业场所提供书面材料，供投保人阅读、使用。客户投保时，保险人通过口头告知、书面提示等方式履行说明义务，并由投保人通过签订投保单及《免责事项说明书》的形式进行明确。保险人以网络或其他电子形式承保商业车险业务的，应确认投保人身份，通过网页向投保人展示《新能源汽车示范条款（2021版）》《免责事项说明书》电子版有关内容，经投保人阅读并点选"保险人已明确说明条款内容、免除保险人责任条款的含义及其法律后果"后，方可进入保险合同订立后续流程。

(2) 投保单填写与录入

① 投保信息填写规范要求

《新能源汽车示范条款（2021版）》适用于能源（燃料）种类为纯电动、燃料电池、插电式混合动力（含增程式）的车辆。对于在原承保公司续保的业务，车辆信息以及投保人、被保险人、行驶证车主信息均未发生变更的，投保单可以载明上年保单信息；信息发生变化的，仅需提供更新后的相关信息。对于新车或从其他承保公司转保过来的业务，投保单至少应当载明：号牌号码（临时移动证编码或临时号牌）、车辆种类、使用性质、发动机号、车架号、厂牌型号、排量、功率、初登日期、核定载客人数或核定载质量、能源（燃料）种类等。投保人、被保险人及行驶证车主的相关信息：自然人包括姓名、性别、年龄、住所、身份证或其他有效证件号码等；法人包括名称、联系电话、地址、统一社会信用代码或其他有效证件号码等。

② 投保信息录入规范要求

保险人应根据投保人提供的信息准确、完整地在系统中录入投保单各项信息，或由投保人按规范要求自助录入。

号牌号码、发动机号、车辆识别代码、厂牌型号、初登日期、车辆使用性质、整备质量等车辆信息须按行驶证/车辆合格证据实录入，录入时一律不允许添加点、杠、斜杠或其他任何符号（交管部门对行驶证有其他特殊要求的除外），不得通过套用车型提高或降低保费。

投保时尚未上牌的车辆，若当地交管部门对号牌号码的录入规则有特殊要求的，可按交管部门的要求进行录入。核发正式号牌后投保人应通知保险人办理批改手续。

保险期间通常为1年，投保人可与保险人约定保险期间的起止时点，但起保时点必须在保险人接受投保人的投保申请且确认全额保费入账时点之后。除监管允许的特殊情况外，严禁倒签单。

对于附加绝对免赔率特约条款、附加医保外医疗费用责任险、附加精神损害抚慰金责任险等可以对应多个主险的附加险种，应载明此类附加险对应的具体主险以及绝对免赔率或赔偿限额。投保附加自用充电桩损失保险和附加自用充电桩责任保险，应录入每个投保的充电桩型号、编码和坐落地址。如投保多个自用充电桩，可与投保人协商确定每个充电桩损失保险金额或每个充电桩第三者责任限额。

特别约定是对保单中未详尽事项的明确和补充，法律效力优于条款内容，保险人在增加特别约定时应遵守合法合规的原则，约定内容不得与条款相悖，不得损害投保人及被保险人的合法权益，不得缩小或扩大保险责任，不得赠送险种。

根据《中华人民共和国保险法》规定，"受益人是指人身保险合同中由被保险人或者投保人指定的享有保险金请求权的人"。"受益人"只存在于人身险保险合同。为保护消费者权益，强化业务合规经营，根据近年来司法判决案例和监管部门行政处罚情况，各保险公司要避免在车险保单中添加关于"第一受益人"此类特别约定。

(3) 缴费承保及单证

实行商业车险见费出单管理制度的业务，新能源汽车商业保险的保险单必须在系统根据全额保费入账收费信息实时确认并自动生成唯一有效指令后，方可出具正式保险单。关于个人保险实名制方面的要求，按照监管部门相关规定执行。实行"见费出单"制度的所有保单、批单均不允许倒签保险起期。

《新能源汽车示范条款（2021版）》配套单证主要包括《保险单》《投保单》《免责事项说明书》。鼓励保险公司为客户提供电子化单证。

新能源汽车商业保险的保险单必须单独编制保险单号码并通过业务处理系统出具，禁止系统外出单。在符合中国银保监会相关监制单证管理规定的基础上，各公司参考使用行业示范保险单，并可根据个性化需求在此基础上进行适当调整，但保险单应载明以下内容：

① 保险人的名称、地址及联系方式。

② 被保险人的姓名、住所、证件号码、联系方式（可隐藏或以*代替）。

③ 保险标的基本信息，包括号牌号码、厂牌型号、车架号、发动机号、机动车种类、使用性质、行驶证车主、初次登记日期、核定载质量/载客数、能源（燃料）种类、充电桩信息；承保多个充电桩的，应准确录入每个保险充电桩的型号、编码和地址。

④ 承保险种、保险金额/责任限额、保险费、绝对免赔额/率。

⑤ 保险期间。

⑥ 保险合同争议解决方式。

⑦ 订立合同的年、月、日。

新能源汽车商业保险的保险单由正本和副本组成。正本由投保人或被保险人留存，业务留存联由保险公司留存。

各公司参考使用行业示范投保单，并可根据个性化需求在此基础上进行适当调整，投保单应列明以下信息：

① 投保人、被保险人的姓名、住所、证件号码、联系方式。

② 保险标的基本信息，包括号牌号码、厂牌型号、车架号、发动机号、车辆种类、使用性质、行驶证车主、初登日期、核定载质量/载客数、能源（燃料）种类、充电桩型号、编号、充电桩地址；投保多个充电桩的，应准确填写每个投保充电桩的型号、编码和地址。

③ 投保险种、保险金额/责任限额、绝对免赔额/率。

④ 保险期间。
⑤ 保险合同争议解决方式。
⑥ 投保人签名/签章。

向投保人提供投保单时，应附相应条款，对于条款中免除保险人责任的内容应突出显示。

保险人应向投保人提供《免责事项说明书》，通过网络或其他电子形式开展业务的，应提示投保人通过点击相关网络链接或手机应用程序页面按钮，确认已履行如实告知义务，方可进入下一操作环节；仍采用纸质单证的，须请投保人在"投保人声明"页的方格内手书列明的文字并签名/签章，保险公司需收回"投保人声明"页，与其他投保资料一并存档。

对承保单证的管理，要遵循以下要求规范：

① 保险公司应当建立健全严格的业务单证管理制度，全面规范投保单、保单、批单、收据、发票等保险单证的设计、印制、发送、存放、登记、申领、使用、收回、核销、盘点以及归档等控制事项。

② 保险公司应当全流程监控分支机构、部门和个人申领及使用有价空白单证，加强对单证的事中控制与管理：应建立账实分开的单证管理模式；应加强有价单证的印刷管理；应加强单证流转过程的管理，严格控制重要有价空白单证的领用数量和回销期限，做到定期回缴、核销和盘点，保证账实相符。

③ 保险公司应建立完善的信息系统，提高单证管理的效率与质量，满足单证管理的实际需要，特别是应当做到单证系统与核心业务系统的对接。

④ 保险公司应明确各级机构的单证管理系统权限，在各级机构应设置单证管理岗。

(4) 合同的解除与变更

① 合同解除

保险人解除合同的，保险人应收回保险单等。对于投保人无法提供保险单的，投保人应向保险人书面说明情况并签字（章）确认，保险人同意后可办理退保手续。

保险合同成立后，投保人可以提交书面申请，解除合同。保险责任开始前，投保人申请解除保险合同，保险公司可按照条款规定向投保人收取3%的退保手续费后办理退保手续。

② 发生以下变更事项时，保险人应对保险单进行批改：

a. 车辆行驶证车主或使用性质变更。

b. 车辆及人员基本信息变更。

c. 车辆承保险种变更。

d. 充电桩信息变更。

e. 变更其他事项。

③ 批改保费计算

合同需要解除时，按照原保单条款对应费率的日费率计算短期保费，退还未了责任期间的保险费。

合同变更涉及保费计算追溯时间的批改分为两种。一种为全程批改，即按投保查询时点计算纯风险保费，并从保险起保日起追溯计算调整全程保险期间的保费差额；另一种为非全程批改，即按批改查询时点计算纯风险保费，从批改生效日起计算调整未了责任期间的保费差额。

当投保人由于投保信息错误，申请批改保险车辆的初登日期、车辆种类、车辆型号等但不涉及车辆使用性质/所属性质时，从保险起保日起追溯计算调整全程保险期间的保费差额，即按照全程批改进行操作。

当投保人申请批改车辆的使用性质/所属性质时，要视具体情况选择批改类别。

a. 全程批改的情况：如因最初出单时信息录入错误申请变更，应从保险起保日起追溯计算调整全程保险期间的保费差额。

b. 非全程批改的情况：如车辆批改过户导致的使用性质/所属性质变更，应从批改生效日起计算调整未了责任期间的保费差额。

此种批改业务场景需由保险公司操作人员根据业务实际情况如实选择"是否过户"及"是否全程批改"，并将该字段上传给车险平台，车险平台计算纯风险保费后返回保险公司。建议保险公司在核心业务系统中增加系统控制，绑定"过户"与"非全程批改""非过户"与"全程批改"的勾稽关系，避免操作人员误操作。

车辆承保险种变更，按非全程批改进行操作，应从批改生效日起计算调整未了责任期间的保费差额。

④ 批单的起止日期

批单的起保日期：保险责任开始前完成批改，批单的起保日期为原保单的起保日期；保险责任开始后完成批改，批单的起保日期为批改手续办理完成日期之后。

批单的终保日期：同原保单的终保日期。

⑤ 保单批改要求

a. 产品批改规则《新能源汽车示范条款（2021版）》上线后，不同产品体系之间不能批改。

b. 险种批改规则使用机动车商业保险示范条款承保的保单，只能批改（增减退）机动车商业保险示范条款项下的险种。

使用《新能源汽车示范条款（2021版）》承保的保单，只能批改（增减退）《新能源汽车示范条款（2021版）》项下的险种。

⑥ 批单资料要求

a. 变更险种、保额及保险期限的，须提供批改申请书、投保人身份证明。

b. 变更随车因素、使用性质、客户类型及所属性质的，须提供批改申请书、行驶证、投保人身份证明。

c. 投保车辆的行驶证车主发生变更的即为过户批改，须提供原投保人提交的已签字/签章的书面批改申请书、行驶证复印件（或其他有效车辆证件）、变更前后人员的身份证明复印件、经办人有效身份证件等，如为委托办理，还须提供原投保人签字的委托书，须严格审核申请人员资质及提供资料的真实性及完整性。

d. 变更充电桩信息的，须提供批改申请书、投保人身份证明、能清晰反映充电桩安装地址、型号、编码、二维码等信息的照片。

e. 保单退保的，须提供批改申请书、保单正本、投保人身份证明，对于无法提供保险单的，须提供书面说明情况并签字（章）确认，经审核同意后可办理退保手续。并根据《中华人民共和国保险法》相关规定，领款人必须与投保人一致。

f. 批改完成后，须留存批改申请书原件及其他批改申请资料复印件等资料，退保业务还需收回业务对应的保险单。

⑦ 新能源汽车险交易平台使用

保险人使用上海保险交易所新能源汽车险交易平台的，应与平台进行相关数据对接，支持平台为消费者提供批单查询及下载等服务。

(5) 核保及内控管理

保险公司应加强核保管理，建立科学合理的核保分级授权体系，对于权限应进行动态调整，避免授权不当。对于权限的使用情况进行及时检查，确保具有权限的员工仅能在授权范围内进行对应的系统操作。对于转岗、离职等原因造成的核保工号休眠账户进行及时清理。保险公司应确保核保部门及核保人员的专业化。正确使用报批报备的条款费率，准确识别投保人及投保车辆风险程度并合理使用自主定价系数，确保保险费率与标的风险相匹配。建立质检制度，安排相应人员定期按比例抽检自动核保和人工核保通过的投保和批改申请，确保签发保单和批单的品质可控。定期对系统自动核保的条件进行更新调整，确保系统规则内容在国家法律法规、行业监管规定、公司政策范围之内，防止出现系统执行风险。建立不相容职务分离制度，建立核保防火墙，并加强核保工作的独立性。在承保后及时对投保人及被保险人进行电话回访，核对客户信息是否真实，告知保险合同相关重要事项。

保险公司承保系统的功能设置应满足内控制度各项要求，至少应该包括以下内容：保险公司承保系统应具备客户信息完整性和逻辑性自动校验功能，在客户信息录入系统时，如果客户的姓名、身份证号码、联系电话等不完整或不符合逻辑规则的，系统应不予通过。

保险公司应加强承保环节内控制度建设，建立一套完整统一的车险承保流程管理、单证管理、数据管理、运行保障等制度体系。制度覆盖车险承保全流程的操作规范，按照精简高效的原则，对投保提示、承保说明、投保单填写、保单录入、核保、出单等各环节的工作流程进行规范和简化，提高承保工作效率和服务质量。建立科学有效的承保管理考核监督制度，将承保客户满意度纳入考核体系，同时向社会公布投诉电话，接受社会监督。从提高客户满意度角度出发，建立从录入投保资料到签发保险单每个业务环节的处理时限规定，并纳入相关处理人员的考核。使用标准作业程序，对承保全流程的操作步骤和要求做统一的规范，从而控制承保风险，并推进承保服务标准化进程，提高客户满意度。

(6) 增值服务规则

有条件的保险公司可依据《新能源汽车示范条款（2021版）》中载明的"附加新能源汽车增值服务特约条款"提供增值服务，具体项目由保险人与投保人协商确定，保险人提供增值服务产生的直接成本在赔款中列支，但不影响NCD系数（无赔款优待系数）浮动。

第 4 章 新能源汽车保险理赔实务

4.1 交强险理赔实务规程

4.1.1 接报案和理赔受理

保险公司应建立全天候接报案服务制度，确保"365天×24小时"报案渠道畅通，并在营业网点和互联网向社会公示统一报案电话，提示和引导消费者出险后及时报案。各保险公司所有车险出险报案统一由客户服务中心归口受理。可以采取多种方式受理报案，如客户拨打客户服务中心电话、通过微信、移动 APP 等方式报案等。

接到被保险人或者受害人报案后，应询问有关情况，并立即告知被保险人或者受害人具体的赔偿程序等有关事项。涉及人员伤亡或事故一方没有投保交强险的，应提醒事故当事人立即向当地交通管理部门报案。保险人应对报案情况进行详细记录，并录入业务系统统一管理。

被保险机动车发生交通事故的，应由被保险人向保险人申请赔偿保险金。根据被保险人的请求，保险人应当直接向该第三者（受害人）赔偿保险金。被保险人怠于请求的，第三者（受害人）有权就其应获赔偿部分直接向保险人请求赔偿保险金。保险人应增加专门单证，或在《索赔申请书》中设置项目，要求被保险人确认是否需要保险人直接向第三者（受害人）赔偿保险金。被保险人与第三者（受害人）协商一致后，由被保险人现场亲笔签字确认。

书面一次性告知索赔单证。保险人应当在收到赔偿申请时立即以索赔须知的方式，一次性书面告知被保险人需要向保险人提供的与赔偿有关的证明和资料。索赔须知必须通俗、易懂，并根据《交强险索赔单证规范》勾选与赔偿有关的证明和资料。各公司可以减少交强险索赔单证，不得以任何理由增加索赔单证种类和要求。

4.1.2 查勘和定损

事故各方机动车的保险人在接到客户报案后，有责方车辆的保险公司应进行查勘，对受害人的损失进行核定。无责方车辆涉及人员伤亡赔偿的，无责方保险公司也应进行查勘定损。事故任何一方的估计损失超过交强险各分项赔偿限额的，应提醒事故各方当事人依法进行事故责任划分。事故涉及多方保险人，但存在一方或多方保险人未能进行查勘定损的案件，未能进行查勘定损的保险人，可委托其他保险人代为查勘定损；受委托方保险人可与委托方保险人协商收取一定费用。接受委托的保险人，应向委托方的被保险人提供查勘报告、事故/损失照片和由事故各方签字确认的损失情况确认书。

4.1.3 垫付和追偿

（1）抢救费用垫付条件

同时满足以下条件的，可垫付第三者受害人的抢救费用：

① 符合《机动车交通事故责任强制保险条例》第二十二条规定的情形；

② 接到公安机关交通管理部门要求垫付的通知书；

③ 第三者受害人送医院抢救，且抢救费用已经发生，抢救医院提供了抢救费用单据和明细项目；

④ 不属于应由道路交通事故社会救助基金垫付的抢救费用。

（2）垫付标准

按照交通事故人员创伤临床诊疗指南和抢救地的国家基本医疗保险的标准，在交强险医疗费用赔偿限额或无责任医疗费用赔偿限额内垫付抢救费用。第三者受害人中被抢救人数多于一人且在不同医院救治的，在交强险医疗费用赔偿限额或无责任医疗费用赔偿限额内按人数进行均摊；也可以根据医院和交警的意见，在限额内酌情调整。

(3) 垫付方式

自收到交警部门出具的书面垫付通知、伤者病历/诊断证明、抢救费用单据和明细之日起，及时向抢救受害人的医院出具《承诺垫付抢救费用担保函》，或将垫付款项划转至抢救医院在银行开立的专门账户，不进行现金垫付。

(4) 追偿

对于所有垫付的案件，保险人垫付后有权向致害人追偿。追偿收入在扣减相关法律费用（诉讼费、律师费、执行费等）、追偿费用后，全额冲减垫付款。

4.1.4 抢救费用支付

当被保险人或者伤者提出在交强险的范围内垫付抢救费用时，保险公司审批是否支付垫付费用，必须同时满足以下条件：

① 接到交警部门签署的书面支付通知书；

② 属于交强险保险责任范围内；

③ 受害人被抢救，且抢救费用已经发生，医院提供了病历/诊断证明、抢救费用明细清单；

④ 抢救所用药品、检查费用等必须与本次事故有关，并符合国务院卫生主管部门组织制定的有关临床诊疗指南和国家基本医疗保险标准。

如果本次事故不构成保险责任，如受害人的故意行为等，非抢救费用或抢救费用不符合国务院卫生主管部门组织制定的有关临床诊疗指南和国家基本医疗保险标准的费用；非本次事故交强险第三者受害人的抢救费用，则不予支付。如果存在以下情况，可以引导伤者向道路交通事故社会救助基金申请垫付抢救费用：

① 抢救费用超过交强险医疗费用赔偿限额的；

② 肇事机动车未参加机动车交通事故责任强制保险的；

③ 机动车肇事后逃逸的。

当保险公司接到公安机关交通管理部门抢救费用支付的书面通知后，及时核实承保、事故情况，在1个工作日之内出具《承诺支付/垫付抢救费用担保函》，交被保险人送至伤者抢救所在医院，并提供医院接受支付抢救费的划转账户的开户行及账号，同时对伤者病历/诊断证明、抢救费用单据和明细进行审核，如果抢救费用总额达到或超过交强险医疗费用赔偿限额同时抢救过程已经结束，保险公司可以向医院出具《交强险抢救费用支付/垫付说明书》，并及时将款项划至救治医院指定账户。注意，抢救费用不得进行现金支付。

4.1.5 赔偿处理

（1）赔偿原则

保险人在交强险责任范围内负责赔偿被保险机动车因交通事故造成的对第三者受害人的损害赔偿责任，赔偿金额以交强险条款规定的分项责任限额为限，各分项限额下的赔款单独计算。其中，"第三者受害人"为事故中被保险机动车的第三者受害人，不包括被保险机动车本车车上人员、被保险人。

被保险人书面请求保险人直接向第三者（受害人）赔偿保险金的，保险人应向第三者（受害人）就其应获赔偿部分直接赔偿保险金。被保险人未书面请求保险人向第三者（受害人）赔偿保险金，且接保险人通知后，无故不履行赔偿义务超过15日的，保险人有权就第三者（受害人）应获赔偿部分直接向第三者（受害人）赔偿保险金。

交强险的案件应与其他保险业务分开立案、分开记录、分开结案。道路交通事故肇事方（被保险人）、受害人等对交强险赔偿以上部分存在争议的，不影响其及时获得交强险的赔偿。道路交通事故肇事方（被保险人）、受害人等对交强险某分项责任赔偿存在争议的，不影响其及时获得交强险其他分项责任的赔偿。

（2）赔偿时限

对涉及财产损失的，保险公司应当自收到被保险人提供的证明和资料之日起1日内，对是否属于保险责任作出核定，并将结果通知被保险人。对涉及人身伤亡的，保险公司应当自收到被保险人提供的证明和资料之日起3日内，对是否属于保险责任作出核定，并将结果通知被保险人。

对不属于保险责任的，保险公司应当自作出核定之日起3日内向被保险人或者受益人发出拒绝或拒绝给付保险金通知书，并书面说明理由。

① 对属于保险责任在2000元以下的仅涉及财产损失赔偿案件，被保险人索赔单证齐全的，保险公司应在当日给付保险金。

② 对属于保险责任在10000元以下的人身伤亡赔偿案件，被保险人索赔单证齐全的，保险公司应在3日内给付保险金。

③ 对属于保险责任在50000元以下的人身伤亡赔偿案件，被保险人索赔单证齐全的，保险公司应在5日内给付保险金。

④ 对属于保险责任的交强险赔偿案件，被保险人索赔单证齐全的，保险公司应当在被保险人提出索赔申请7日内给付保险金。

保险人自收到赔偿或者给付保险金的请求和有关证明、资料之日起20日内，对其赔偿或者给付保险金的数额不能确定的，应当根据已有证明和资料可以确定的数额先予支付；保险人最终确定赔偿或者给付保险金的数额后，应当支付相应的差额。

(3) 赔款计算

① 基本计算公式

保险人在交强险各分项赔偿限额内，对受害人死亡伤残费用、医疗费用、财产损失分别计算赔偿：

总赔款 = $\sum$ 各分项损失赔款 = 死亡伤残费用赔款 + 医疗费用赔款 + 财产损失赔款。

各分项损失赔款 = 各分项核定损失承担金额，即：

死亡伤残费用赔款 = 死亡伤残费用核定承担金额。

医疗费用赔款 = 医疗费用核定承担金额。

财产损失赔款 = 财产损失核定承担金额。

各分项核定损失承担金额超过交强险各分项赔偿限额的，各分项损失赔款等于交强险各分项赔偿限额。

② 当保险事故涉及多个受害人时

a. 基本计算公式中的相应项目表示为：

各分项损失赔款 = $\sum$ 各受害人各分项核定损失承担金额，即：

死亡伤残费用赔款=Σ各受害人死亡伤残费用核定承担金额。

医疗费用赔款=Σ各受害人医疗费用核定承担金额。

财产损失赔款=Σ各受害人财产损失核定承担金额。

b.各受害人各分项核定损失承担金额之和超过被保险机动车交强险相应分项赔偿限额的，各分项损失赔款等于交强险各分项赔偿限额。

c.各受害人各分项核定损失承担金额之和超过被保险机动车交强险相应分项赔偿限额的，各受害人在被保险机动车交强险分项赔偿限额内应得到的赔偿为：

被保险机动车交强险对某一受害人分项损失的赔偿金额=交强险分项赔偿限额×（事故中某一受害人的分项核定损失承担金额/Σ各受害人分项核定损失承担金额）。

③ 当保险事故涉及多辆肇事机动车时

各被保险机动车的保险人分别在各自的交强险各分项赔偿限额内，对第三者受害人的分项损失计算赔偿。各方机动车按其适用的交强险分项赔偿限额占总分项赔偿限额的比例，对受害人的各分项损失进行分摊。

某分项核定损失承担金额=该分项损失金额×（适用的交强险该分项赔偿限额/Σ各致害方交强险该分项赔偿限额）。

a.肇事机动车中的无责任车辆，不参与对其他无责车辆和车外财产损失的赔偿计算，仅参与对有责方车辆损失或车外人员伤亡损失的赔偿计算。

b.无责方车辆对有责方车辆损失应承担的赔偿金额，由有责方在本方交强险无责任财产损失赔偿限额项下代赔。

一方全责，一方无责的，无责方对全责方车辆损失应承担的赔偿金额为全责方车辆损失，以交强险无责任财产损失赔偿限额为限。

一方全责，多方无责的，无责方对全责方车辆损失应承担的赔偿金额为全责方车辆损失，以各无责方交强险无责任财产损失赔偿限额之和为限。

多方有责，一方无责的，无责方对各有责方车辆损失应承担的赔偿金额以交强险无责任财产损失赔偿限额为限，在各有责方车辆之间平均分配。

多方有责，多方无责的，无责方对各有责方车辆损失应承担的赔偿金额以各无责方交强险无责任财产损失赔偿限额之和为限，在各有责方车辆之间平均分配。

c.肇事机动车中应投保而未投保交强险的车辆，视同投保交强险机动车参与计算。

d.对于相关部门最终未进行责任认定的事故，统一适用有责任限额计算。

肇事机动车均有责任且适用同一限额的，简化为各方机动车对受害人的各分项损失进行平均分摊。

对于受害人的机动车、机动车上人员、机动车上财产损失：

某分项核定损失承担金额＝受害人的该分项损失金额÷（$N-1$）。

对于受害人的非机动车、非机动车上人员、行人、机动车外财产损失：

某分项核定损失承担金额＝受害人的该分项损失金额÷N。

a.N为事故中所有肇事机动车的辆数。

b.肇事机动车中应投保而未投保交强险的车辆，视同投保机动车参与计算。

初次计算后，如果有致害方交强险限额未赔足，同时有受害方损失没有得到充分补偿，则对受害方的损失在交强险剩余限额内再次进行分配，在交强险限额内补足。对于待分配的各项损失合计没有超过剩余赔偿限额的，按分配结果赔付各方；超过剩余赔偿限额的，则按每项分配金额占各项分配金额总和的比例乘以剩余赔偿限额分摊；直至受损各方均得到足额赔偿或应赔付方交强险无剩余限额。

④ 受害人财产损失需要施救的，财产损失赔款与施救费累计不超过财产损失赔偿限额。

⑤ 主车和挂车在连接使用时发生交通事故，在主车的交强险责任限额内承担赔偿责任。

⑥ 被保险机动车投保一份以上交强险的，保险期间起期在前的保险合同承担赔偿责任，起期在后的不承担赔偿责任。

⑦ 死亡伤残费用和医疗费用的核定标准：按照《最高人民法院〈关于审理人身损害赔偿案件适用法律若干问题的解释〉》规定的赔偿

范围、项目和标准,《人体损伤致残程度分级》以及《交通事故人员创伤临床诊疗指南》和交通事故发生地的基本医疗标准核定人身伤亡的赔偿金额。

【例4-1】

A、B两机动车发生交通事故,两车均有责任。A、B两车车损分别为2000元、5000元,B车车上人员医疗费用7000元,死亡伤残费用6万元,另造成路产损失1000元。两车适用的交强险财产损失赔偿限额为2000元,医疗费用赔偿限额为1.8万元,死亡伤残赔偿限额为18万元,则:

① A车交强险赔偿计算

A车交强险赔偿金额=受害人死亡伤残费用赔款+受害人医疗费用赔款+受害人财产损失赔款=B车车上人员死亡伤残费用核定承担金额+B车车上人员医疗费用核定承担金额+财产损失核定承担金额。

B车车上人员死亡伤残费用核定承担金额=60000÷(2-1)=60000元。

B车车上人员医疗费用核定承担金额=7000÷(2-1)=7000元。

财产损失核定承担金额=路产损失核定承担金额+B车损核定承担金额=1000÷2+5000÷(2-1)=5500元。超过财产损失赔偿限额,按限额赔偿,赔偿金额为2000元。

其中,A车交强险对B车损的赔款=财产损失赔偿限额×B车损核定承担金额÷(路产损失核定承担金额+B车损核定承担金额)=2000×[5000÷(1000÷2+5000)]=1818.18元。

其中,A车交强险对路产损失的赔款=财产损失赔偿限额×路产损失核定承担金额÷(路产损失核定承担金额+B车损核定承担金额)=2000×[(1000÷2)÷(1000÷2+5000)]=181.82元。

A车交强险赔偿金额=60000+7000+2000=69000元。

② B车交强险赔偿计算

B车交强险赔偿金额=路产损失核定承担金额+A车损核定承担金额=1000÷2+2000÷(2-1)=2500元。超过财产损失赔偿限额,按限额赔偿,赔偿金额为2000元。

【例4-2】

A、B两机动车发生交通事故，A车全责，B车无责，A、B两车车损分别为2000元、5000元，另造成路产损失1000元。设A车适用的交强险财产损失赔偿限额为2000元，B车适用的交强险无责任财产损失赔偿限额为100元，则：

① A车交强险赔偿计算

A车交强险赔偿金额＝B车损失核定承担金额＋路产损失核定承担金额＝5000+1000=6000元。超过财产损失赔偿限额，按限额赔偿，赔偿金额为2000元。

② B车交强险赔偿计算

B车交强险赔偿金额＝A车损核定承担金额＝2000元，超过无责任财产损失赔偿限额，按限额赔偿，赔偿金额为100元。

B车对A车损失应承担的100元赔偿金额，由A车保险人在交强险无责财产损失赔偿限额项下代赔。

4.1.6 特殊案件处理

对于涉及人员伤亡的事故，损失金额明显超过保险车辆适用的交强险医疗费用赔偿限额或死亡伤残赔偿限额的，保险公司可以根据被保险人的申请及相关证明材料，在交强险分项限额内先予赔相关事故损失，待事故处理完毕、损失金额确定后，再对剩余部分在商业险项下赔偿结案。事故责任明确，且事故各项损失已核定，损失金额明显超过各交强险分项限额的事故，可以交强险提前结案处理。

如果事故中涉及2人及以上受害人的，总损失超过交强险赔偿限额的，须预留未提交索赔受害人的交强险赔偿限额余额，根据事故情况做预赔处理，不宜作结案处理。

被保险人申请满限额提前结案时，需提供相关证明材料，包括索赔申请书、机动车行驶证、机动车驾驶证、被保险人身份证明、领取赔款人身份证明道路交通事故认定书、人员费用证明、医院诊断证明、医疗费报销凭证、死亡证明、被抚养人证明等。

保险公司在收到索赔申请和相关单证后进行审核，对于根据现有材料能够确定赔款金额明显超过医疗费用限额或死亡伤残限额的案件，应由医疗审核人员签署意见，在5日内先予支付赔款。不再涉及交强险赔付的，对交强险进行结案处理。

保险公司收到受害人抢救费用支付申请时，被保险人在交通事故中是否有责任尚未明确的，在无责任医疗费用赔偿限额内支付抢救费用。

在道路交通管理部门能够确认被保险人在交通事故中负有责任后，保险公司应及时在交强险医疗费用赔偿限额内补充应支付的抢救费用。

交通事故第三者死亡人员身份无法确认的，保险公司可以对已产生的费用中医疗费、丧葬费按照交强险赔偿标准凭票据赔偿，其他项目损失原则上不应向无赔偿请求权的个人或机构赔偿，有司法法律文书的按判决另行处理。

4.1.7　支付赔款

被保险人给第三者造成损害，对第三者应负的赔偿责任确定的，根据被保险人的请求，保险人应当直接向该第三者赔偿。被保险人怠于请求的，第三者就其应获赔偿部分直接向保险人请求赔偿的，保险人可以直接向该第三者赔偿，支付赔款。

被保险人或其允许的驾驶人给第三者造成损害，未向该第三者赔偿的，保险人不得向被保险人赔偿。

被保险人已经赔付受害人，提供已赔偿受害人凭证，事故索赔相关单证齐全的，保险公司按时效要求及时理算赔付。索赔时应当向保险人提供以下材料：

- 人民法院签发的判决书或执行书，或交警部门出具的交通道路交通事故认定书和调解书原件；三证一卡（行驶证、驾驶证、被保险人身份证、银行卡），拍照以后照片保存在理赔影像系统。
- 受害人的有效身份证明；受害人人身伤残程度证明以及有关损失清单和费用单据；其他与确认保险事故的性质、原因、损失程度等有关的证明和资料。
- 赔款支付的收款人身份证（拍照留存）。
- 被保险人的身份证（拍照留存）。

保险事故涉及多个受害人的，在所有受害人均提出索赔申请，且受害人所有材料全部提交后，保险人方可计算赔款。事故中所有受害人的分项核定损失之和在交强险分项赔偿限额之内的,按实际损失计算赔偿。各受害人各分项核定损失承担金额之和超过被保险机动车交强险相应分项赔偿限额的,各受害人在被保险机动车交强险分项赔偿限额内应得到的赔偿为:

被保险机动车交强险对某一受害人分项损失的赔偿金额＝交强险分项赔偿限额×(事故中某一受害人的分项核定损失承担金额/∑各受害人分项核定损失承担金额)。

【例4-3】

A车肇事造成两行人甲、乙受伤,甲医疗费用15000元,乙医疗费用10000元。设A车适用的交强险医疗费用赔偿限额为18000元,则A车交强险对甲、乙的赔款计算为:

A车交强险赔偿金额＝甲医疗费用＋乙医疗费用＝15000+10000=25000元。大于适用的交强险医疗费用赔偿限额,赔付18000元。

甲获得交强险赔偿:18000×15000/(15000+10000)=10800元。乙获得交强险赔偿:18000×10000/(15000+10000)=7200元。注:案例以2020交强险新调整确定限额规定计算。

> **说明:**
>
> "机动车交通事故责任强制保险的分项赔偿限额"分为:死亡伤残赔偿限额、医疗费用赔偿限额、财产损失赔偿限额以及被保险人在道路交通事故中无责任的赔偿限额。其中,无责任的赔偿限额分为无责任死亡伤残赔偿限额、无责任医疗费用赔偿限额以及无责任财产损失赔偿限额。被保险机动车未投保机动车交通事故责任强制保险或机动车交通事故责任强制保险合同已经失效的,视同其投保了机动车交通事故责任强制保险进行计算。
>
> 被保险机动车如交强险和商业三者险在不同的保险公司投保,且损失金额超过交强险责任限额,由交强险承保公司留存已赔偿部分发票或费用凭据原件,将需要商业险赔付的项目原始发票或发票复印件,加盖保险人赔款专用章,交被保险人办理商业险索赔事宜。
>
> 有关赔付情况保险公司应按规定将事故案件理赔各环节信息及时上传至机动车事故责任交强险信息平台。

4.1.8　直接向受害人支付赔款的赔偿处理

发生第三者受害人人身伤亡或财产损失，且符合下列条件之一的，保险人可以受理受害人的索赔：被保险人出具书面授权书，人民法院签发的判决书或执行书，被保险人死亡、失踪、逃逸、丧失索赔能力，被保险人拒绝向受害人履行赔偿义务，法律规定的其他情形。

受害人索赔时应当向保险人提供以下材料：

● 人民法院签发的判决书或执行书，或交警部门出具的交通道路交通事故认定书和调解书原件。

● 受害人的有效身份证明；受害人人身伤残程度证明以及有关损失清单和费用单据；其他与确认保险事故的性质、原因、损失程度等有关的证明和资料。

● 经被保险人书面授权的，还应提供被保险人书面授权书。

● 赔款支付的收款人身份证（拍照留存）。

● 事故中被保险车辆行驶证、肇事人的驾驶证（复印件或原件照片）；如受害人无法提供的，保险公司应通过交通管理部门等其他方式取得。

4.1.9　结案和归档

赔款支付后，保险公司应及时进行结案处理，结案模式分为自动结案和人工结案两种模式。结案后应对赔案各种理赔单证做好存档管理。归档包括电子理赔单证归档和纸质理赔单证归档。

电子理赔单证归档：理赔单证应电子化上传车险理赔影像系统，电子理赔单证归档，系统中保存。纸质理赔单证归档：客户提供的重要证明、必要的发票、鉴定书等纸质材料须保留纸质材料；按照档案管理规定进行归档；可以不集中归档，在单证收集的保险公司分支机构归档、备查。其他理赔单证包括保险公司理赔系统自有单证、在查勘定损或资料收集环节采用拍照扫描等方式收集的单证，可将电子单证上传到车险理赔系统归档保存，符合小额理赔范围的简单案件，可仅保留电子档案不再留存纸质材料归档。事故认定书、医疗费用原始票据及费用清单、领取赔款授权书等单证，交强险理赔保险公司留存原件。三证一卡（行驶证、驾驶证、被保险人身份证、银行卡）照片保存在理赔影像系统。

4.2 新能源汽车商业保险理赔实务

为配套《中国保险行业协会新能源汽车商业保险示范条款（2021版）》实施，统一规范行业新能源汽车保险理赔实务操作，提高行业理赔服务水平，根据《保险法》《中国银保监会关于实施车险综合改革的指导意见》等法律法规、规章制度，中国保险行业协会下发了《新能源汽车商业保险示范条款（试行） 理赔实务要点》。本节以该要点为基础，介绍车险理赔人员处理新能源汽车车险理赔案件时的操作规范。

4.2.1 接报案

保险公司应建立全天候接报案服务制度，确保"365天×24小时"报案渠道畅通，并在营业网点和互联网向社会公示统一报案电话，提示和引导消费者出险后及时报案。各保险公司所有车险出险报案统一由客户服务中心归口受理。可以采取多种方式受理报案，如客户拨打客户服务中心电话、通过微信、移动APP等方式报案。

对车险理赔，保险公司接到报案时应准确记录报案信息，提醒报案人需注意的事项，告知报案受理结果，及时进行查勘调度，并将报案号、理赔人员联系方式通过电话、短信、即时通信工具等方式告知报案人。已建立交通事故快赔处理机制的地区，应引导报案人按照当地快赔处理模式处理。

保险公司接报案人员负责受理、记录客户报案信息，如实告知客户相关权益，提醒客户注意事项，对客户进行理赔服务和索赔流程引导。操作时应遵循以下要点：

① 接报案人员按统一的接报案标准话术进行操作，话术要简洁、明确、礼貌。

② 按照报案人提供的保险信息，查询、核对保单等相关信息，核

实报案人身份及与被保险人关系。

③ 询问报案人与事故有关的案情和相关信息，根据询问内容规范记录报案信息等内容，初步判断保险责任。

④ 对于事故情况复杂涉及人员伤亡的案件，应提醒当事人保护事故现场及时向交警报案，涉及人员抢救的报120救护电话等相关理赔注意事项。对于车辆碰撞涉及电池损失的案件，应提醒客户注意人身安全，不要自行触碰车辆，避免造成人身伤亡及扩大事故损失。

⑤ 根据事故案情告知客户必要的后续理赔事宜，向报案人发送所需的相关信息。

⑥ 对于发生保险条款列明的，符合代位求偿的案件应按代位求偿相关规定做好记录，并对客户做好告知和引导。

4.2.2 调度

各公司在接到报案以后应立即系统调度派工给理赔人员，可以采用人工智能方式自动调度派工与人工调度派工相结合，人工方式派工须保证每日24小时调度派工处理。保险公司调度人员负责受理接报案岗提交的各类报案调度请求，联系并调度相关理赔人员开展现场查勘定损工作；受理客户救援、救助请求，联系并调度协作单位开展相关工作；对调度信息进行记录，并及时向客户反馈调度信息。操作时应遵循以下要点：

① 判断报案信息是否完整、规范，如报案信息不规范且影响调度工作的，与客户核实确认后，将报案信息补充完善。

② 接到调度任务时应迅速、准确、完整地进行调度，并及时通知被调度的人员，登记后续处理人员及联系方式。

③ 调度时需要根据报案信息判断调度类型，调度类型分为查勘调度、定损调度和人伤处理调度，并按调度模式和规则进行任务调度。

④ 调度任务改派和追加时应及时通知后续处理人员，调度任务注销时应填写原因。

⑤ 做好调度后续跟踪工作，做好调度及其相关环节的流程监控。

⑥ 客户及查勘人员需要提供救助服务的，应立即实施救助调度，通知施救服务单位，登记相关救援信息。

⑦ 当遇到特殊天气，报案量异常增多时，应及时启动极端天气应急预案并做好相关工作流程的衔接。

保险公司调度完成，须及时以系统推送、电话、微信、短信、理赔系统APP等形式通知查勘定损和人伤案件处理人员进行理赔处理。

4.2.3 查勘

保险公司可以采取以下模式开展查勘工作。

① 现场查勘模式：即事故发生后客户现场报案，车辆仍在出险现场，查勘员前往出险现场进行查勘。该模式适用于客户要求现场查勘或公司为控制风险而要求进行现场查勘的案件。

② 在线远程查勘（客户自助查勘）模式：客户在出险现场通过微信、APP客户端等方式进行拍照上传，线上查勘人员远程进行指导、照片审核并收集客户出险信息，在线审核案件真实性，完成查勘操作。该模式应注意复杂案件与特殊案件的风险控制和后期处理的衔接。

③ 非现场查勘模式：即事故发生后，客户在事故车辆离开现场后再进行报案，或者客户报案后事故车辆离开现场，不能或不必在出险现场进行查勘工作。该模式适用于交警快速处理、快处快赔等类型案件；不适用于重大案件、夜间出险及保险公司认为其他高风险案件、可疑案件。

④ 现场复勘模式：事故发生后，事故车辆离开现场后客户再向保险公司报案，或者客户报案后事故车辆未经查勘离开现场，但为核实事故真实性，需客户返回出险现场进行复勘工作。该模式适用于重大案件、夜间出险及保险公司认为的其他高风险案件、可疑案件。

查勘人员接到查勘任务后，应及时与当事人联系，了解事故的经过、原因，核实事故的真实性，查验保险标的，估计事故损失情况；对事故现场、标的车辆及三者车辆损失情况、财产损失情况、标的车行驶证、出险驾驶员驾驶证、身份证、标的车牌号车架号等进行拍照并上传至车险理赔系统；协助客户进行事故处理。对处于危险状态的事故车辆，积极协助客户进行现场施救；根据道路交通事故处理的相关规定，协助客户准确进行事故责任比例认定。指导客户填写《索赔申请书》，收集理赔相关资料，告知客户后续索赔流程。

操作时应遵循以下工作要点：

① 接到查勘调度任务后，10分钟内主动与客户取得联系，初步了解案件情况，确认具体的出险地点。

② 查勘地点在城市城区内的，45分钟内到达；查勘地点在城市郊区的，1小时内到达；查勘地点在城市市辖县的，2小时内到达。查勘人员应按照服务承诺，与客户合理约定到达时间，并应在约定的时间内到达现场。涉及人员伤亡和财产设施损失的案件，要提醒客户保留现场及时向交管部门报案，积极协助客户拨打急救电话，做好伤员救治的协助工作。

③ 对于符合道路交通事故自行协商处理条件的赔案，应现场协助确认事故责任；事故责任明确的，无需再通过交警处理划分责任。对于不符合自行协商处理条件的赔案，应提醒客户向交通管理部门报案，并协助保护现场。

④ 如果事故车尚处于危险状态，应协助客户采取有效的施救、保护措施，避免损失扩大。在征得客户同意后，及时协助客户联系救援，并在周围做警示标识，避免意外发生。如果客户选择自行联系施救，要及时告知客户施救费用赔付标准。新能源汽车出险案件，在动力电池、高压部件损失不明或动力电池漏液、起火冒烟情况下，应远离车辆等待专业救援机构救援。救援拖车需使用平板拖车，切勿使用钳式拖车。在查勘过程中，如遇起火冒烟等特殊情况，请勿靠近，立即协助拨打119火警电话。

⑤ 新能源汽车出险案件现场查勘时，应注意核实车辆动力电池是否受损、是否漏液，高压部件是否受损。对于新能源汽车水淹事故、动力电池受损、漏液，或高压部件受损等存在漏电风险的案件，在第一现场时非必要不要直接接触车辆，待专业施救公司人员确认无漏电风险后再展开查勘工作。必要时需穿戴防护装备，使用试电笔/万用表检查车辆损坏部位附近位置裸露金属部位（如轮毂）是否带电，确保安全后进行查勘。同时，建议保险公司组建新能源汽车查勘专业队伍并配置必要防护装备。在查勘过程中，应提示承修单位/客户对水淹事故、涉及动力电池损伤事故车辆，将动力电池与车身进行分离并遮蔽，单独存放于室外场地。事故车辆动力电池与其他车辆或物品应保持安全距离，并设

立警示标志，避免发生意外。

⑥ 查验肇事驾驶人驾驶证，特种车应查验操作证的有效性。注意观察驾驶人的精神状况，是否有饮酒、吸毒等可疑表现，如有上述情况应及时报警处理。拍照收集客户身份证、驾驶证、行驶证、银行账号信息，告知客户需提交的索赔单证；领款人信息收集应符合反洗钱相关规定。不是被保险人驾车时，还应核实驾驶人、报案人的身份以及与被保险人的关系，并与被保险人联系，告知事故出险情况并核实相关信息。

⑦ 查验肇事车辆的车型、车牌号、VIN码/车架号等信息，确认肇事车辆是否为承保标的；查验肇事车辆的行驶证是否有效，查验肇事车辆出险时的使用性质是否与承保情况相符，车辆有无进行改装或加装设备，是否存在危险程度显著增加，被保险人、受让人是否及时将转让事宜通知保险人。充电桩发生保险事故的，应注意核实充电桩的地址位置信息、型号、编码等是否与保单承保信息一致。

⑧ 事故涉及其他第三方车辆的，应查验并记录第三方车辆的号牌号码、车型，以及第三方车辆的交强险保单号、驾驶人姓名、联系方式等信息。

⑨ 结合车辆损失状况、现场痕迹、报案人案情陈述，核实出险时间、地点以及出险经过的真实性。重点注意节假日午后或夜间发生的严重交通事故是否存在酒驾，碰撞痕迹不符的案件是否擅自移动现场或谎报出险地点，事故中被保险车辆是否存在超载情况，两次事故出险时间接近的案件是否存在重复索赔。对老旧车型出险和存在疑点的案件，应对事故真实性和出险经过重点调查。

⑩ 结合承保情况和查勘情况，判断是否属于保险责任。对不属于保险责任或存在条款列明的责任免除的情形，应收集好相关证据，并在查勘记录中注明。暂时不能对保险责任进行判断的，应在查勘记录中写明理由，后续参考交警部门的事故认定进行处理。

⑪ 根据受损车辆、货物及其他财产的损失程度，参照相应的标准，尽可能准确地估计事故损失金额。

⑫ 事故照片应包含事故现场全貌的全景照片、事故损失情况；事故车辆损失照片应包含多角度全车照片、损失部位、受损车辆号牌号码、VIN码/车架号、仪表盘故障码照片；财产损失照片应包含损失部

位、损失程度的相关照片。拍摄内容与交通事故查勘记录的有关记载相一致；拍摄内容应当客观、真实、全面地反映被摄对象；拍摄痕迹时，可使用比例尺对高度、长度进行参照拍摄。新能源汽车火灾案件，应重点查看并拍摄充电口是否烧损。充电过程需要鉴定是否为车辆自身原因、充电桩原因或者外界火源造成起火。

⑬ 指导客户填写索赔申请，并请客户在所需理赔单证正确位置签字或盖章。提醒客户需提交的索赔单证清单。可通过向客户出具书面的《索赔须知》或通过系统短信、微信等方式进行提醒。《索赔须知》应勾选客户需要提交的理赔单证清单，并作详细说明指引。

⑭ 积极向客户宣传推荐特色理赔服务举措，引导客户选择快速、便捷的特色理赔方案；指引客户后续索赔流程；根据客户意愿，指引客户进行定损维修。

⑮ 做好小额人伤案件的现场快速处理，其他涉及人伤案件应按人伤案件处理规范及时处理。

⑯ 根据查勘内容，缮制《查勘记录》。

⑰ 对于疑难案件、重（特）大案件和风险案件，缮制详细的询问笔录，经客户签字后拍照上传车险理赔系统，及时做好重要证据的前期固化与收集。

⑱ 对于客户要求代位求偿的案件，应主动向客户介绍车损险的三种索赔方式，即向责任对方索赔、向责任对方的保险公司索赔、代位求偿。事故中，责任对方为机动车的，应协调车损险被保险人和责任对方共同处理事故，积极引导责任对方向被保险人履行赔偿义务。

⑲ 客户确定代位求偿方式索赔的案件，责任对方为机动车的，查勘人员应收集并核对接报案时记录的责任对方的车牌号、交强险和商业第三者责任险的承保公司、第三者责任险的责任限额。按照行业《机动车辆损失险代位求偿操作实务》的查勘定损工作要求，查勘员应向被保险人出具《"代位求偿"案件索赔申请书》，并指导其本人或单位授权代理人当面填写，填写完整后收回。查勘时，应通过车险平台与责任方保险公司对应赔案进行准确关联，具体操作按行业《机动车辆损失险代位求偿操作实务》的要求执行。

4.2.4 立案

保险公司可以采取自动立案、人工立案和强制立案模式。

① 自动立案：系统根据查勘环节录入的相关信息，按照预设的规则引擎对符合条件的案件完成自动立案。

② 人工立案：根据授权管理的相关规定，由立案岗人员审核后完成立案操作。

③ 强制立案：对于报案后超过 3 天没有完成立案操作的案件，理赔系统将根据报案情况赋予案件强制立案的标识，并按照相应的规则，对案件进行估损赋值（实行报案即立案的公司，系统自动完成估损赋值）。

保险公司立案操作人员应及时对查勘发起的立案任务进行处理，并对未立案案件进行跟踪并及时给予相应的处理；准确录入、调整立案估损金额信息、事故信息、被保险车辆在事故中的责任比例。

4.2.5 定损

保险公司可以采取现场定损、集中定损、上门定损和远程定损等定损模式。

① 现场定损。对于仅涉及小额车损、财产及人伤的案件，经现场查勘，责任清晰，损失明确且符合公司相关规定的，可进行事故现场定损处理，实现查定一体化服务。

② 集中定损。对于符合当地简易快处条件的交通事故，可依据《道路交通事故处理程序规定》和当地交通管理规定，引导事故当事人前往交通快速处理中心进行处理。对于当地保险行业或公司规定需要统一集中定损的案件，可依据相关规定引导客户前往集中拆检定损中心进行处理。对于当地维修企业相对集中的区域设立定损点，派驻定损人员，对受损车辆进行集中定损处理。

③ 上门定损。对于现场无法定损的车辆，且客户不愿意采取其他定损方式的，可根据客户意愿约定修理地点上门定损。

④ 远程定损。保险公司线上与客户互动，通过远程照片拍照、视频方式指导客户，完成事故中受损车辆的损失确定。

定损人员接到定损任务后，应主动联系客户，并根据事故情况向客户提供符合客户需求的定损服务模式；与客户共同确定车辆和其他财产损失的维修方案，确定损失项目和维修费用。

　　涉及新能源汽车的定损，首先应判断是否漏电，其次要判断是否涉及高压部件损伤，对于不涉及车辆高压部件损失的可参照一般燃油车定损步骤操作。对于涉及高压部件损伤车辆，要根据新能源汽车高压部件损伤特点，结合事故形式开展工作。高压部件包括动力电池、充电口、高压线束、高压控制部件及执行元件（电机控制器、车载充电机、直流—直流转换器、高压分配单元/高压配电箱、驱动电机、高压空调泵、PTC加热器）等。针对水淹事故、涉及动力电池损伤事故、已施救至维修厂的车辆，要在第一时间将动力电池与车身进行分离并遮蔽，单独存放于室外场地。事故车辆动力电池与其他车辆或物品应保持安全距离，并设立警示标志，避免发生意外。

　　涉及代位求偿案件的定损，按照《机动车辆损失险代位求偿操作实务》的定损工作要求，及时通知责任方保险公司积极参与定损，提醒责任方保险公司尽快对事故车辆损失进行赔偿处理，尽量减少代位求偿方式索赔。前面理赔操作环节尚未收集齐全的信息资料，定损人员应补充完成各项信息收集、取证工作。

　　① 定损案件：必须在规定的时效内完成，核损通过后，及时告知客户最终定损金额。严禁恶意拖赔、惜赔、无理拒赔等损害客户合法权益的行为。

　　② 判断案件责任：查阅查勘记录、承保情况、历史出险记录等相关信息，合理判断案件是否存在疑点，案件没有疑点则按正常流程继续处理；案件存在疑点应及时联系查勘人员核实、复勘或转调查、稽查处理。

　　③ 核实事故痕迹：在对损失标的损失确认过程中，应准确判断事故损失痕迹与事故经过描述是否合理，及时对事故损失情况拍照。

　　④ 定损处理：定损员自身权限内案件，应根据定损标的事故损失，准确核定因本次事故所涉及的车辆维修更换配件、维修工时、残值等费用，对非此次事故造成的损失，应主动与客户说明确认。对于修理项目、方式和费用未与被保险人协商确定的，双方共同委托有资质的第三方进行评估，定损人员须及时将情况上报理赔主管人员，尽快处理。对

于车辆以外财产损失应合理确定损失金额，对于定价困难或客户对定价异议较大的特殊案件，应主动多方询价，与当事人协商处理，双方也可以共同委托有资质的第三方公估机构协助定损。当涉及责任对方的，应主动通知责任对方参与定损。

⑤ 损余回收：定损员应与被保险人协商损余物资合理处理方式；损余物资归保险人的，定损员应在定损单注明并请被保险人签字，同时明确告知被保险人交回的地点；损余物资归被保险人的，应合理作价，在定损金额中扣除。

⑥ 提交核损核价：对定损案件提交核损核价人员进行核损核价，审核未获通过的，按审核要求对定损项目进行重新确定，对审核退回案件的处理意见有异议的应主动进行协调沟通。

⑦ 车辆修竣检验：事故修复车辆在客户提取车辆之前，根据具体情况进行修竣检验（简称复检），对维修方案的落实情况、更换配件的品质和修理质量进行检验。

⑧ 提交客户确认：定损完成后，应及时向被保险人出具《机动车保险车辆损失情况确认书》（简称定损单），对定损结果进行确认。被保险人签字确认后相关单证须拍照上传系统；或向客户提供电子化单证，由客户电子签名确认。

⑨ 追加定损：受损车辆原则上应一次性定损完成。对于车辆维修过程中发现的损坏部件或需要装车测试确定的部件，经核实后，可追加定损。追加定损时，应注意区分损坏部件是否是本次保险事故造成，对非本次保险事故造成的损失须及时告知客户，不予以赔偿。

⑩ 损失鉴定：如车辆损失原因不明确，或仅从外观难以确定部件是否损坏，需要进行技术鉴定的，可以进行技术鉴定。

⑪ 代位求偿案件：确定属于代位求偿的案件，应按照《机动车辆损失险代位求偿操作实务》《机动车辆损失险代位求偿保险公司间追偿与结算机制》的定损操作、互审相关规定执行。

⑫ 全损（含推定全损）事故处理：全损（含推定全损）事故车辆应先对事故车辆损失进行估价并与被保险人协商处理方式；双方协商同意拍卖的，启动拍卖流程；被保险人要求维修的，进行后续定损处理。

⑬ 配件低碳修复：定损员应主动宣传车辆维修低碳环保理念，在

事故损坏部件修复后，不影响车辆行驶安全性能及美观的前提下，与客户协商低碳修复处理。

⑭ 附加险损失项目所需定损信息、定损数据录入：涉及附加险所需定损数据的，应根据条款赔偿处理要求进行损失核定，准确录入理赔系统相关信息（如"修理期间费用补偿险"应与被保险人及修理单位协商确认修复天数并在系统中及时录入）。

针对外部电网故障损失险，要准确核定电网故障损失类型，由相关部门出具相关故障成因等材料。自用充电桩责任保险，发生事故后要结合承保充电桩地址位置信息、型号、编码等核定承保标的，涉及火灾事故要提供消防部门火灾证明等，保险公司根据证明材料认定保险责任。

4.2.6 核价核损

保险公司核价核损人员应及时检查查勘定损员是否按规范完成现场查勘定损工作；审核查勘定损资料规范性、完整性；审核案件真实性及事故损失是否属于保险责任；审核定损中的维修方式及零部件、工时费等价格结果的合理性、准确性；根据案情需要发起调查、稽查等风险控制请求；监督查勘定损岗执行规章制度的情况。

核价核损人员通过对案件信息、事故/定损照片、定损清单及相关资料的审核，及时发现案件风险，提高理赔成本管控效果和处理时效。

4.2.7 人伤案件处理

人伤案件处理主要包括下列工作模式：

① 人伤首次电话跟踪。根据调度环节分为普通方式的首次人伤跟踪（默认为电话跟踪）和小额人伤跟踪两类。

② 人伤后续跟踪。根据跟踪方式可分为后续电话跟踪和后续住院探视两类。

③ 小额人伤现场快速处理。

④ 人伤案件调解。

⑤ 人伤案件审核。具体分为人伤跟踪审核、人伤调解审核、人伤诉讼审核和人伤费用审核。

保险公司人伤理赔处理人员负责对人伤案件从调度查勘到理算核赔

前的理赔全流程处理，在人伤案件理赔流程的各个环节开展工作，核实人伤案件的经过、人员伤亡、救治、评残、伤者在事故中的属性（伤者是被保险车辆的车上人员/被保险车辆以外的第三者）等情况，核定案件人伤损失金额，主动参与人伤案件调解。具体工作如下：

① 参与人伤事故处理。通过人伤调查和人伤探视，及时调查事故事实，积极协助做好责任认定。

② 开展人伤跟踪。通过人伤探视，在专业、合理范围内协商医疗方案、合理使用医疗用药，收集伤亡者理赔相关信息和资料。

③ 开展理赔调查。通过人伤调查和反欺诈调查，对保险责任不确定或保险欺诈嫌疑的案件，及时开展证据收集工作。

④ 协助残疾鉴定。通过主动推荐、陪同鉴定或自主协商确定等方式，向被保险人提供涉及伤残案件的人伤跟踪服务，有效达成人伤损失的合理赔付。

⑤ 参与赔偿调解。通过参与交警调解、人民调解及法院调解等多种方式，密切与事故处理职能部门协调、沟通，参与人伤案件赔偿调解，提高调解成功率。

⑥ 审核赔偿项目及费用。通过调解审核、清单审核等方式依照承保条款和有关法律法规规定的标准，对人身损害各项赔偿项目进行审核，剔除不属于保险赔偿范围的项目及费用。

4.2.8 资料收集

保险公司应向客户提供多渠道的索赔资料提交方式，最大便利客户索赔。保险公司收集索赔资料的方式主要有：

① 现场收集方式。保险公司查勘定损人员、人伤跟踪人员等理赔人员在查勘定损或人伤跟踪与探视等接触客户过程中直接收集客户索赔资料。

② 柜面收集方式。保险公司可在各理赔服务网点、各经营网点、各出单网点、社区门店、4S店等场所，安排人员受理客户递交索赔资料。

③ 快递理赔方式。对于责任明确的小额简易案件，根据客户意愿向客户提供快递信封，客户索赔资料准备好后，拨打信封上的服务电

话，保险公司安排人员上门收取索赔材料。

④ 线上新型渠道（微理赔）方式。客户通过微信、手机移动APP等网络媒介提交电子索赔材料。

保险公司资料收集人员应及时受理客户提交的索赔资料，并做好客户信息的收集。收集并初审客户提交的索赔资料，对经手赔案资料的真实性、有效性、完整性负责。对于责任明确、理赔单证齐全的，向客户提供资料收集齐全回执，并告知客户理赔时效。对于责任明确，但索赔单证资料不齐全的案件，应当及时一次性告知客户补充提供齐全完整的单证。涉及代位求偿案件的索赔单证收集时，按照《机动车辆损失险代位求偿操作实务》的工作要求，告知被保险人所需索赔单证，指导客户本人或单位授权代理人当面填写完整《"代位求偿"案件索赔申请书》。理赔单证参照《机动车保险理赔行业标准化单证（2013参考版）》要求执行，只能简化，不能增加。鼓励各公司积极采用电子化单证，提高理赔服务效率。

4.2.9 理算

对符合自动理算要求的小额简易案件，可通过自动理算方式快速理算，对超出自动理算条件的案件，采取人工理算方式。理算人员接到理算任务后，应及时对索赔资料进行复核，准确、快速进行理算。

复核上传赔案材料是否齐全，对赔案材料的真实性、合理性进行复核，对有疑问的材料提出审核意见。检验前端理赔岗位与理算相关的数据是否录入、准确，并进行审核、补录和修改，对数据录入有误的案件提出修改意见。对资料齐全的赔案，按照规定时效及时进行理算，并保证数据录入的准确性和完整性。理算人员应及时缮制计算书。计算书类型分为交强险赔款计算书、商业险赔款计算书两种，赔款计算书理算顺序为先交强险理算、后商业险理算。涉及保险公司之间的代位求偿案件，应按照《机动车辆损失险代位求偿保险公司间追偿与结算机制》的规定执行。

保险公司理算人员计算赔款金额时，要根据条款的约定遵循先交强险、后商业险理算的规则。先分别按照新能源汽车损失保险、新能源汽车第三者责任保险、新能源汽车车上人员责任保险及附加险的赔款计算方式理算。与机动车2020版示范条款的车损险、车上人员责任险的理算规则相同，但是商业三者险在特定情况下发生变化。

当新能源汽车与充电桩连接出险时造成第三者损失，损失需要在新能源汽车、充电桩事故责任比例分摊。当同一被保险人的新能源汽车与充电桩连接出险造成三者损失，各险别的赔付顺序为：新能源汽车第三者责任保险与附加自用充电桩责任保险为第一顺序，附加法定节假日限额翻倍险为第二顺序。当同一被保险人的新能源汽车与充电桩连接出险造成三者损失，按照新能源汽车第三者责任保险与附加自用充电桩责任保险的限额比例，在各自的责任限额内进行赔付。

(1) 新能源汽车损失保险总赔款计算

① 被保险新能源汽车发生全部损失时，赔款计算如下：

如果被保险人申请按常规索赔方式（即非代位求偿方式），按以下公式计算：

新能源汽车损失保险总赔款=（车损赔款+施救费赔款–绝对免赔额）×（1–绝对免赔率）。

车损赔款=（保险金额–交强险应赔付本车损失金额）×被保险车辆事故责任比例。

施救费赔款=（核定施救费–交强应赔付本车施救费金额）×被保险车辆事故责任比例。

如果被保险人申请车损险代位求偿索赔方式，按以下公式计算：

车损险总赔款=（车损赔款+施救费赔款–绝对免赔额）×（1–绝对免赔率）。

车损赔款=保险金额–被保险人已从第三方获得的车损赔偿金额。

施救费赔款=核定施救费–被保险人已从第三方获得的施救费赔偿金额。

其中，核定施救费=合理的施救费用×本保险合同保险财产的实际价值/总施救财产的实际价值，最高不超过新能源汽车损失险的保险金额（下同）。

② 被保险新能源汽车发生部分损失，保险人按实际修复费用在保险金额内计算赔偿。

如果被保险人申请常规索赔方式（即非代位求偿方式），按以下公式计算：

车损险总赔款=（车损赔款+施救费用赔款−绝对免赔额）×（1−绝对免赔率）。

车损赔款=（实际修复费用−交强险应赔付本车损失金额）×被保险车辆事故责任比例。

施救费赔款=（核定施救费−交强应赔付本车施救费金额）×被保险车辆事故责任比例。

如果被保险人申请车损险代位求偿索赔方式，按以下公式计算：

车损险总赔款=（车损赔款+施救费用赔款−绝对免赔额）×（1−绝对免赔率）。

车损赔款=实际修复费用−被保险人已从第三方获得的车损赔偿金额。

施救费赔款=核定施救费−被保险人已从第三方获得的施救费赔偿金额。

③ 代位求偿方式下车损险赔付及应追偿赔款计算

车损险被保险人向承保公司申请代位求偿索赔方式时，承保公司应先在车损险项下按代位求偿索赔方式计算出总赔款金额并支付给被保险人，然后再向各责任对方分摊应追偿金额；责任对方投保了交强险、商业第三者责任险时，代位公司先向责任对方的保险公司进行追偿（即行业间代位追偿），不足部分再向责任对方进行追偿。

a. 车损险承保公司代位赔付后，按以下方式计算和分摊应向责任对方追偿的代位赔款金额：

应追偿代位赔款金额=代位求偿方式下车损险总赔款金额−按常规索赔方式车损险应赔付金额。

向各责任对方计算分摊追偿金额时，应遵循以下原则：一是先交强险、后商业险；二是交强险赔款计算按行业交强险理赔实务规程执行，按照有责、无责分项限额计算；三是超出交强险部分，按各责任对方的事故责任比例，分别计算向各责任对方的追偿金额。

代位方首先向责任对方的交强险承保公司进行追偿。应向某一责任对方交强险追偿金额=按照行业交强险理赔实务计算出的该责任对方交强险应承担本车损失的赔偿金额。超出交强险财产分项限额部分的，责任对方投保商业第三者责任险的，代位方向责任对方的商业第三者责任险承保公司进行追偿。代位方应追偿代位赔款金额减去应向各责任对方交强险追偿金额后，按各责任对方的事故责任比例，分别计算向各责任对方的追偿金额。如果在责任对方的保险责任范围内追偿后，不足以偿付代位方应追偿金额，代位方可继续向责任对方追偿。

b. 车损险被保险人从代位保险公司得到赔款后，就未取得赔偿的部分可以继续向责任对方进行索赔。

> **注意：**
> ● "被保险人已从第三方获得的赔偿金额"是指被保险人从所有三者以及三者保险公司已经获得的赔偿金额，车损与施救费分开计算。
> ● "绝对免赔率"是指投保人与保险人在投保附加绝对免赔率特约条款时约定的免赔率。
> ● "绝对免赔额"是指投保人与保险人在投保车损险时确定的每次事故绝对免赔金额。
> ● 施救费用在被保险新能源汽车损失赔偿金额以外另行计算，最高不超过保险金额的数额。

c. "实际施救费用"为保险人与被保险人协商确定的合理施救金额。施救的财产中，如含有保险合同未保险的财产，应按保险合同保险财产的实际价值占总施救财产的实际价值比例分摊施救费用。

● 保险金额按投保时被保险新能源汽车的实际价值确定，以保单载明的保险金额为准。

● "实际修复费用"是指保险人与被保险人协商确定的修复费用。

● 客户投保时选择绝对免赔额时，如果车损险总赔款计算结果小于0，则车损险总赔款按0赔付。

(2) 新能源汽车第三者责任保险赔款计算

① 当（依合同约定核定的第三者损失金额−机动车交通事故责任强制保险的分项赔偿限额）× 事故责任比例的赔款计算结果大于或等于每次事故赔偿限额时：

赔款 = 每次事故赔偿限额 × （1−绝对免赔率）。

【例4-4】

甲、乙相撞，甲负主要责任，乙次要责任，乙车上人员受伤，甲投保第三者责任险100万，投保绝对免赔率特约条款约定绝对免赔率10%，甲车损失5000元，乙车损失15000元，乙车上人员花费医疗费20000，甲的第三者责任险应赔付多少？

解：

（15000-2000+200000-18000）×0.7=136500，金额超10万限额，理算金额＞10000元。

赔款=每次事故赔偿限额×（1-绝对免赔率)=100000×（1-10%）=90000元。

② 当（依合同约定核定的第三者损失金额-机动车交通事故责任强制保险的分项赔偿限额）×事故责任比例的赔款计算结果低于每次事故赔偿限额时：

赔款=（依合同约定核定的第三者损失金额-机动车交通事故责任强制保险的分项赔偿限额）×事故责任比例×（1-绝对免赔率）。

【例4-5】

甲、乙相撞，甲负主要责任，乙负次要责任，甲投保第三者责任险100万，投保绝对免赔率特约条款约定绝对免赔率20%，甲车损失5000元，乙车损失15000元，甲的第三者责任险应赔付多少？

解：

赔款=（乙损失金额-交强险限额）×事故责任比例×（1-绝对免赔率）=（15000-2000）×0.7×（1-20%）=7280元。

③ 主挂车赔款计算

主车和挂车连接使用时视为一体，发生保险事故时，由主车保险人和挂车保险人按照保险单上载明的主车第三者责任保险与挂车第三者责任保险责任限额的比例，在各自的责任限额内承担赔偿责任。总赔款限额以主车与挂车第三者责任限额之和为限。

主车应承担的赔款=总赔款×［主车责任限额÷（主车责任限额+挂车责任限额）］。

挂车应承担的赔款=总赔款×［挂车责任限额÷（主车责任限额+挂车责任限额）］。

挂车未投保商业险的，不参与分摊在商业三者险项下应承担的赔偿金额。

当挂车承保2014版条款时，达到赔偿限额的，按照各自保单条款中的约定计算赔偿。

④ 新能源汽车与充电桩连接事故的赔款计算

当同一被保险人的新能源汽车和充电桩连接使用时共同发生保险事故，造成第三者损失的，按照新能源汽车第三者责任保险与附加自用充电桩责任保险的限额比例，在各自的责任限额内进行赔付。新能源汽车第三者责任保险主险赔款与附加自用充电桩责任保险附加险赔款的赔款总和以这两个险别责任限额之和为限。当同一被保险人的新能源汽车和充电桩连接使用时，如能认定由新能源汽车或充电桩单独发生保险事故，在各自责任险下赔付。

当非同一被保险人的新能源汽车和充电桩连接使用时不可视为一体，发生保险事故时，应按照各自的事故责任比例承担赔偿责任。

"机动车交通事故责任强制保险的分项赔偿限额"分为：死亡伤残赔偿限额、医疗费用赔偿限额、财产损失赔偿限额以及被保险人在道路交通事故中无责任的赔偿限额四种。其中，无责任的赔偿限额分为无责任死亡伤残赔偿限额、无责任医疗费用赔偿限额以及无责任财产损失赔偿限额三种。

"绝对免赔率"是指投保人与保险人在投保附加绝对免赔率特约条款时约定的免赔率。

被保险新能源汽车未投保机动车交通事故责任强制保险或机动车交通事故责任强制保险合同已经失效的，视同其投保了机动车交通事故责任强制保险进行计算。

保险期间内，被保险人或其允许的驾驶人在使用被保险新能源汽车过程中，造成被保险人或驾驶人的家庭成员（配偶、父母、子女和其他共同生活的近亲属）人身伤亡的，属于第三者责任保险的赔偿责任，但被保险人、驾驶人及家庭成员为本车上人员的除外。

当同一被保险人的新能源汽车和充电桩连接使用时共同发生保险事故，各险别的赔付顺序为：新能源汽车第三者责任保险与附加自用充电桩责任保险为第一顺序，附加法定节假日限额翻倍险为第二顺序。各险别赔偿限额累计计算。

当被保险新能源汽车单独发生保险事故（未与充电桩连接使用）时，各险别的赔付顺序为：新能源汽车第三者责任保险为第一顺序，附加法定节假日限额翻倍险为第二顺序。各险别赔偿限额累计计算。

【例4-6】

A车在自用充电桩充电时与B车相撞发生事故，造成B车车损1万元。经事故部门判定A车及充电桩负次要责任，B车负主要责任。A投保第三者责任险10万元，未投保绝对免赔率特约条款；自用充电桩投保附加充电桩责任险1万元。A车第三者责任险应如何赔付？

解：

新能源汽车商业险与充电桩赔付三者总赔付金额=（三者损失总金额-交强险责任限额赔付金额）×事故责任比例×（1-绝对免赔率）=（10000-2000）×0.3×（1-0%）=2400元。

新能源商业三者险赔付金额=总赔付金额×新能源商业三者险责任限额/（新能源商业三者险责任限额+附加充电桩责任险责任限额）=2400×100000/（10000+10000）=2181.82元。

(3) 新能源汽车车上人员责任保险赔款计算

① 每次事故每座受害人的赔款分别计算，最高不超过每次事故每座受害人的赔偿限额。

对每座的受害人，当（依合同约定核定的每座车上人员人身伤亡损失金额-应由机动车交通事故责任强制保险赔偿的金额）×事故责任比例≥每次事故每座赔偿限额时：

每次事故每座受害人赔款=每次事故每座赔偿限额×（1-绝对免赔率）。

对每座的受害人，当（依合同约定核定的每座车上人员人身伤亡损失金额-应由机动车交通事故责任强制保险赔偿的金额）×事故责任比例≤每次事故每座赔偿限额时：

每次事故每座受害人赔款=（依合同约定核定的每座车上人员人身伤亡损失金额-应由机动车交通事故责任强制保险赔偿的金额）×事故责任比例×（1-绝对免赔率）。

② 每次事故赔款金额=每次事故每座受害人赔款之和。

"应由机动车交通事故责任强制保险赔偿的金额"等于每座受伤人员通过除本车外其他肇事车辆交强险得到的赔款之和。当乘客受害人数超过承保的乘客座位数时,应以投保的座位数为限。"绝对免赔率"是指投保人与保险人在投保附加绝对免赔率特约条款时约定的免赔率。

(4)附加险

① 绝对免赔率特约条款赔款计算

投保时选择本特约条款,对应主险的赔款计算中的"绝对免赔率"根据本条款的约定进行计算。本特约条款下不单独计算赔款。

② 车轮单独损失险

当(依合同约定核定的车轮损失金额-应由机动车交通事故责任强制保险赔偿的金额)×事故责任比例的计算结果≥本附加险保险金额时:

赔款=保险金额。

当(依合同约定核定的车轮损失金额-应由机动车交通事故责任强制保险赔偿的金额)×事故责任比例的计算结果<本附加险保险金额时:

赔款=(合同约定核定的车轮损失金额-应由机动车交通事故责任强制保险赔偿的金额)×事故责任比例。

赔偿后,批减本附加险保险合同中协商确定的保险金额。车轮单独损失险的保险金额为累计计算,定损、理算赔付时以保单剩余的保险金额为限。

需要关注前期已赔偿的车轮损失险赔款有无批减。在保险期间内,累计赔款金额达到保险金额,本附加险保险责任终止。当涉及代位求偿方式的情形时,参照车损赔款计算方法计算赔偿金额及追偿金额。

③ 新增设备损失险赔款计算

本附加险每次赔偿的免赔约定以新能源汽车损失保险条款约定为准。

当新增设备"实际修复费用"≥新增设备损失险保险金额时:

赔款=保险金额-被保险人已从第三方获得的赔偿金额。

当新增设备"实际修复费用"<新增设备损失险保险金额时:

赔款=实际修复费用-被保险人已从第三方获得的赔偿金额。

> **说明：**
>
> 新增设备"实际修复费用"是指保险人与被保险人协商确定新增设备的修复费用。当涉及代位求偿方式的情形，参照车损赔款计算方法计算赔偿金额及追偿金额。

④ 车身划痕损失险赔款计算

在保险金额内按实际修复费用计算赔偿。

当"实际修复费用"等于或大于本附加险的保险金额时：

赔款=保险金额。

当"实际修复费用"小于本附加险的保险金额时：

赔款=实际修复费用。

赔偿后，批减本附加险保险合同中协商确定的保险金额。划痕险的保险金额为累计计算，定损、理算赔付时以保单剩余的保险金额为限。

> **说明：**
>
> 在保险期间内，累计赔款金额达到保险金额，本附加险保险责任终止。关注前期已赔偿的车身划痕损失险赔款有无批减。"实际修复费用"为保险人与被保险人协商确定的修理金额。

⑤ 修理期间费用补偿险赔款计算

车辆全部损失：

赔款=日补偿金额×保险合同中约定的最高补偿天数。

车辆部分损失：

在计算补偿天数时，首先比较约定修理天数和从送修之日起至修复之日止的实际修理天数，两者以短者为准。

补偿天数超过保险合同中约定的最高赔偿天数时：赔款=日补偿金额×保险合同中约定的最高补偿天数。

补偿天数未超过保险合同中约定的最高赔偿天数时：赔款=日补偿金额×补偿天数。

赔付后，批减本附加险保险合同中约定的最高补偿天数。

> **说明：**
> 在保险期间内，累计赔款金额达到保险单载明的保险金额，本附加险保险责任终止。关注前期已补偿的修理期间费用补偿险赔款有无批减。保险期间内发生保险事故时，约定赔偿天数超出保险合同终止期限部分，仍应赔偿。

⑥ 车上货物责任险赔款计算

当（依合同约定核定的车上货物损失金额－交强险对车上货物赔款）×事故责任比例≥责任限额时：

赔款=责任限额。

当（依合同约定核定的车上货物损失金额－交强险对车上货物赔款）×事故责任比例<责任限额时：

赔款=（依合同约定核定的车上货物损失金额－交强险对车上货物赔款）×事故责任比例。

> **说明：**
> 交强险对车上货物赔款=∑除本车外其他肇事车辆交强险财产损失赔偿限额项下对被保险新能源汽车车上货物的赔款，意外事故不包含因自然灾害导致的车上货物损失。

⑦ 精神损害抚慰金责任险赔款计算

本附加险赔偿金额依据人民法院的判决及保险合同约定在保险单载明的赔偿限额内计算赔偿。

法院生效判决及保险合同约定的应由被保险人或其允许的驾驶人承担的精神损害赔偿责任，在扣除交强险对精神损害的赔款后，未超过责任限额时：

赔款=应由被保险人承担的精神损害赔偿责任－交强险对精神损失的赔款。

法院生效判决及保险合同约定的应由被保险人或其允许的驾驶人承担的精神损害赔偿责任在扣除交强险对精神损害的赔款后，超过约定的每次事故责任限额或每次事故每人责任限额时：

赔款=责任限额。

⑧法定节假日限额翻倍险

投保了新能源汽车第三者责任保险的家庭自用汽车，可投保本附加险。投保了本附加险的车辆，当保险事故出险日期属于全国性法定节假日时，且第三者责任险赔款达到或超过主险限额时，本附加险单独计算赔款。

当被保险新能源汽车单独发生保险事故（未与充电桩连接使用）时：

当（依合同约定核定的第三者损失金额−机动车交通事故责任强制保险的分项赔偿限额）×事故责任比例≥2倍每次事故主险赔偿限额时：

赔款=每次事故主险赔偿限额。

当（依合同约定核定的第三者损失金额−机动车交通事故责任强制保险的分项赔偿限额）×事故责任比例＜2倍每次事故主险赔偿限额且大于或等于主险每次事故赔偿限额时：

赔款=（依合同约定核定的第三者损失金额−机动车交通事故责任强制保险的分项赔偿限额）×事故责任比例−每次事故主险赔偿限额。

当（依合同约定核定的第三者损失金额−机动车交通事故责任强制保险的分项赔偿限额）×事故责任比例＜每次主险事故赔偿限额时：

赔款=0。

当同一被保险人的新能源汽车和充电桩连接使用共同发生保险事故时，根据共同的责任比例承担赔偿责任。

当（依合同约定核定的第三者损失金额−机动车交通事故责任强制保险的分项赔偿限额）×事故责任比例−附加自用充电桩责任保险责任限额≥2倍每次事故主险赔偿限额时：

赔款=每次事故主险赔偿限额。

当（依合同约定核定的第三者损失金额−机动车交通事故责任强制保险的分项赔偿限额）×事故责任比例−附加自用充电桩责任保险责任限额＜2倍每次事故主险赔偿限额且大于或等于主险每次事故赔偿限额时：

赔款=（依合同约定核定的第三者损失金额−机动车交通事故责任强制保险的分项赔偿限额）×事故责任比例−附加自用充电桩责任保险责任限额−每次事故主险赔偿限额。

当（依合同约定核定的第三者损失金额－机动车交通事故责任强制保险的分项赔偿限额）×事故责任比例－附加自用充电桩责任保险责任限额＜每次主险事故赔偿限额时：

赔款=0。

> **说明：**
> 每次事故主险赔偿限额指第三者责任险投保时约定的责任限额。

【例4-7】

某一法定节假日，A新能源汽车在自用充电桩B充电时起火，导致停放在隔壁的C车辆着火，造成C车全损损失50万元；A车投保交强险、商业三者险20万、法定节假日限额翻倍险；充电桩投保自用充电桩责任保险5万元；经有关部门确定，新能源汽车与充电桩共同承担事故全部责任。请确定法定节假日限额翻倍险如何赔付？

解：

[（50000－2000）×1－50000]=448000＞2×200000，法定节假日限额翻倍险赔款=20万。

⑨ 医保外医疗费用责任险

投保时选择本附加险，分别对应第三者责任险、车上人员责任险的附加险赔偿限额。

对于主险医疗费中超出医保范围的费用，在本附加险计算赔付，最高不超过附加险的赔偿限额。

核定的医保外医疗费用×事故责任比例超过附加险限额：

赔款=附加险赔偿限额。

核定的医保外医疗费用×事故责任比例在附加险限额内：

赔款=核定的医保外医疗费用×事故责任比例。

> **说明：**
> "核定的医保外医疗费用"是指与本次保险事故相关的合理的但不属于《道路交通事故受伤人员临床诊疗指南》和国家基本医疗保险同类医疗费用标准"范围内的医疗费用金额。

⑩ 外部电网故障损失险

投保时选择本附加险，因外部电网故障，导致被保险新能源汽车的直接损失及施救费用，参照主险新能源汽车损失保险的赔款计算方法，在本附加险中进行赔偿。

⑪ 自用充电桩损失保险

在保险金额内按实际修复费用计算赔偿。

当"实际修复费用-被保险人已从第三方获得的赔偿金额"≥本附加险的保险金额时：

赔款=保险金额。

当"实际修复费用-被保险人已从第三方获得的赔偿金额"＜本附加险的保险金额时：

赔款=实际修复费用-被保险人已从第三方获得的赔偿金额。

赔偿后，批减本附加险保险合同中协商确定的保险金额。本附加险的保险金额为累计计算，定损、理算赔付时以保单剩余的保险金额为限。

> **说明：**
>
> 在保险期间内，累计赔款金额达到保险金额，本附加险保险责任终止。关注前期已赔偿的本附加险赔款有无批减。"实际修复费用"为保险人与被保险人协商确定的修理金额。

【例4-8】

A充电桩由于遭遇雷击，导致充电桩受损，损失金额5000元，经核实该充电桩投保了自用充电桩损失保险，保险金额10000元，该保险应如何赔付？保额如何变化？

解：

（实际修复费用-被保险人已从第三方获得的赔偿金额）=5000-0=5000＜10000，本次赔付5000元。

保额变化：本次已使用5000元，剩余保额=10000-5000=5000元。

⑫ 自用充电桩责任保险

当依合同约定核定的第三者损失金额×事故责任比例≥本附加险

责任限额时：

赔款=责任限额。

当依合同约定核定的第三者损失金额×事故责任比例＜本附加险责任限额时：

赔款=依合同约定核定的第三者损失金额×事故责任比例。

当同一被保险人的新能源汽车和充电桩连接使用时共同发生保险事故，造成第三者损失的，按照新能源汽车第三者责任保险与附加自用充电桩责任保险的限额比例，在各自的责任限额内进行赔付。新能源汽车第三者责任保险主险赔款与附加自用充电桩责任保险附加险赔款的赔款总和以这两个险别责任限额之和为限。

当同一被保险人的新能源汽车和充电桩连接使用时，如能认定由新能源汽车或充电桩单独发生保险事故，在各自责任险下赔付。

当非同一被保险人的新能源汽车和充电桩连接使用时，不可视为一体，发生保险事故时，应按照各自的事故责任比例承担赔偿责任。

【例4-9】充电桩单独出险。

甲车辆在行驶过程中碰撞到充电桩B，导致车辆受损5000元，经认定甲车辆由于行驶超速负事故主要责任70%，充电桩安装位置不当，负次要责任30%。经核实车辆甲投保交强险、商业三者险100万；充电桩投保自用充电桩责任保险10000，本次充电桩如何赔付三者损失？

解：

甲车损失×事故责任比例=5000×30%=1500＜10000，所以充电桩责任保险应赔付1500元。

【例4-10】新能源汽车与充电桩连接使用出险。

A车在自用充电桩充电时与B车相撞发生事故，造成B车车损10000；经事故部门判定A车及充电桩负次要责任，B车负主要责任。A投保第三者责任险10万，未投保绝对免赔率特约条款；自用充电桩投保附加充电桩责任险1万元；A车第三者责任险应如何赔付？

解：

新能源汽车商业险与充电桩赔付三者总赔付金额=（三者损失总金额-交强险责任限额赔付金额）×事故责任比例×（1-绝对免赔率）=（10000-2000）×0.3×（1-0%）=2400元。

新能源商业三者险赔付金额＝总赔付金额×新能源商业三者险责任限额/（新能源商业三者险责任限额＋附加充电桩责任险责任限额）＝2400×10000/（100000+10000）=218.18元。

⑬ 新能源汽车增值服务特约条款

赔款为与增值服务供应商结算的实际服务费用。

(5) 驾乘人员意外伤害保险

① 驾乘人员意外伤害保险总赔款计算

意外伤害医疗赔款＝依合同约定核定的医疗费金额－已从其他途径获得的补偿金额。

意外伤害医疗保险金额为累计计算，定损、理算赔付时以保单剩余的保险金额为限。

意外残疾赔款＝意外伤害保险金额×核定残疾给付比例。

意外身故赔款＝意外伤害保险金额。

意外伤害保险金额为累计计算，意外残疾赔款与意外身故赔款累计以保单剩余的保险金额为限。

被保险人如在本次保险事故之前已有伤残，保险人按合并后的伤残程度在《人体损伤致残程度分级》中所对应的致残率比例给付伤残保险金，但应扣除原有伤残程度在《人体损伤致残程度分级》所对应的致残率比例给付伤残保险金。

② 附加住院津贴保险

赔款＝住院天数×约定的住院津贴日额。

保单累计赔偿的天数以条款约定的给付天数为限。

③ 附加医保外医疗费用补偿险

赔款＝核定的医保外医疗费用－已从其他途径获得的医保外医疗费用补偿金额。

同时承保驾乘人员意外伤害保险与新能源汽车车上人员责任保险时，应按照以下四项原则进行赔付：

a. 充分保护客户消费者权益的原则；

b. 尊重客户索赔选择的原则；

c. 充分体现保险保障的原则；

d. 简化理赔流程做好服务的原则。

医疗费用原则上先在驾乘意外险医疗保险责任内进行赔付。

"核定的医保外医疗费用"是指与本次保险事故相关的合理的但不属于《道路交通事故受伤人员临床诊疗指南》和国家基本医疗保险同类医疗费用标准范围内的医疗费用金额。

被保险人身故前保险人已给付伤残保险金的，身故保险金应扣除已给付的伤残保险金。

4.2.10 核赔

（1）控制风险的同时，提高核赔工作效率，核赔可采取自动核赔与人工核赔等多种模式

① 自动核赔：对于案情简单、责任明确的同质性较高的小额简易案件可以自动核赔。

② 人工核赔：应根据赔案性质、金额的不同，设置不同的赔案审核流程和分级审核权限，实现资源的合理化配置。在能够有效防范和控制内、外部风险的前提下，审核流程应尽可能简化。

（2）核赔人员要严格按照保险条款合同和相关法律法规进行审核，保护保险消费者合法利益，同时做好风险管控

① 在授权范围内，按法律、条款、实务和有关制度要求审核赔案，确保赔付的准确性。

② 必要时可参与重大赔案的查勘、定损、人伤调解方案制定等前期理赔工作，参与疑难案件调查工作。

③ 对于因保险赔付而产生的争议和纠纷，应主动向被保险人解释说明条款内容和理赔依据。

④ 归纳、反馈赔案审核中发现承保、理赔过程中存在的问题，提出实务完善和条款修改建议。

⑤ 监督理赔各环节、各项制度落实，参与理赔政策、实务标准、业务流程的制定和完善。

4.2.11 拒赔案件

① 被保险人或受益人因保险标的发生事故而遭受损失，提出赔偿或者给付保险金的请求，根据保险合同和相关法律法规规定，经过理赔

调查取得证据，经审核，明确不属于保险责任约定范围或属于责任免除的情形。

② 拒赔案件应遵守审慎处理、集中审批的原则。按照权限和规定流程对拒赔案件进行集中审批。

a. 对于确认不属于保险责任的案件，应按拒赔处理的案件流程，由调查人员取得相关证据，按照权限和规定流程对拒赔案件进行审批。

b. 理赔处理人员应自作出核定之日起三日内向被保险人发出《拒赔通知书》，送达记录必须保留。

c. 拒赔案件所有材料必须妥善保管，积极做好应对诉讼、仲裁的准备工作。

4.2.12 赔款支付

保险公司应严格按照《保险法》的时效要求支付赔款。保险公司应严格管控代领保险赔款风险，严格管控资金支付风险，严格遵守中国人民银行关于反洗钱的相关规定。对于车损险代位求偿案件，保险公司应按照《机动车辆损失险代位求偿操作实务》《机动车辆损失险代位求偿保险公司间追偿与结算机制》规定，做好赔款支付和行业间代位求偿结算。

被保险人或其允许的驾驶人给第三者造成损害，对第三者应负的赔偿责任确定的，根据被保险人的请求，保险人应当直接向该第三者赔偿。被保险人怠于请求的，第三者就其应获赔偿部分直接向保险人请求赔偿的，保险人可以直接向该第三者赔偿。被保险人或其允许的驾驶人给第三者造成损害，未向该第三者赔偿的，保险人不得向被保险人赔偿。

4.2.13 结案归档

① 赔款支付后，保险公司应及时进行结案处理，结案模式分为自动结案和人工结案两种模式。

② 结案后应对赔案各种理赔单证做好存档管理。归档包括电子理赔单证归档和纸质理赔单证归档。

a. 电子理赔单证归档：除客户提供的重要纸质证明材料需保留纸质

材料外，其他理赔单证包括保险公司理赔系统自有单证、在查勘定损或资料收集环节采用拍照扫描等方式收集的单证，可将电子单证上传到车险理赔系统归档保存，可不再另行留存纸质材料归档。

b. 纸质理赔单证归档：未进行电子化上传车险理赔系统或已上传车险理赔系统但按规定需要存档的纸质理赔单证资料，按照档案管理规定进行归档；可以不集中归档，在收集地归档、备查。

4.2.14 增值服务

增值服务条款的服务操作流程不同于赔案的理赔流程，应与赔案分别运作管理。需包含服务申请登记环节、服务工单结算环节。工单服务费用的结算根据与增值服务供应商签订的服务合同约定执行，一般是按月或按季度结算，服务费用结算按照附加特约条款的赔款进行归集。

第 5 章
新能源汽车事故查勘与定损

保险事故中的查勘定损工作对车辆事故性质、车辆损失程度及判定有着极为重要的作用。尤其新能源汽车的出险，更是对于现场查勘工作有着比较大的作用及其挑战。查勘既是整个理赔环节的首要任务，能对事故性质的责任认定、证据收集、原因分析等事故真实情况提供依据，又是整车损失预估、车辆故障收集等前期损失判定的重要环节。查勘环节对事故的定性、定责、定损等工作具有举足轻重的作用。

5.1 保险理赔车险查勘

5.1.1 车辆查勘环节与注意事项

（1）岗位定位

查勘岗是出险客户现场服务的第一接触岗位，不仅需优质、高效地服务客户，同时作为风险控制的第一关，需准确把握现场风险、做好风险有效控制。

（2）岗位职责

① 接受调度派工，查勘事故现场，协助车辆施救，拍摄现场照片，收集客户信息和相关单证；

② 现场协助客户处理事故，提供客户服务；
③ 调查了解事故发生的原因、经过、事故损失情况；
④ 核实出险标的车辆，核实肇事司机的情况；
⑤ 指导客户填写《索赔通知书》或《简易现场报告书》，验证收集相关资料；
⑥ 分析判断事故责任和保险责任；
⑦ 介绍保险事故处理流程及注意事项；
⑧ 车物闪赔和人伤闪赔；
⑨ 二次查勘（复勘）；
⑩ 超权限案件及时向上级反馈信息；
⑪ 查定分离案件的转交及跟踪。

（3）查勘现场要求

查勘作为出险客户服务第一接触点，其处理的快慢直接关系到客户对于公司服务能力的评价。某保险公司查勘服务整体时效要求如表5-1所示。

表5-1 服务整体时效

处理环节	处理类型	时效要求
接派工	电话/微信	铃响5声内接听报案电话/微信3分钟内确认
联系客户	电话联系	5分钟内与客户联系
现场到达时效	根据距离确定时间及处理方式	市区半小时内，城市近郊1小时内，偏远地区根据具体情况确定
查勘任务处理时效	当日16时前报案	纯车物损案件查勘处理时间应在8小时内完成，其他24小时完成初步查勘意见
	当日16时后报案	纯车物损案件查勘处理时间应在20小时内完成，其他24小时完成初步查勘意见
	回退案件	8小时以内完成
	人伤首勘	报案后48小时内完成

（4）查勘前准备

包含查勘人员、查勘车辆、查勘工具及单证、服务标准。

(5) 查勘流程

① 接调度派工及转调处理：查勘定损员接查勘调度通知，了解清楚车辆承保信息和案件报案经过，准备查勘工作。对于接到派工错误的案件，首先要与客户联系确认案件出险情况及案件发生地是否是查勘员归属区域。如果案件为接调度查勘员归属区域，则按照查勘流程继续处理即可；如果案件发生地不属于查勘员所属案件，则首先按照查勘要求指导客户处理现场，确认事故发生地查勘员归属及联系方式，进行系统内案件转交。

② 第一时间联系时限：查勘员必须在5分钟内与客户进行联系，告知大致到达现场时间，同时根据掌握的信息，简要询问案件情况，根据已接案件发生地点合理安排查勘顺序、约定到达时间，保证服务质量，提高客户对查勘时效的满意度。

③ 勘前准备：查勘员与报案人联系后，应携带查勘工具，在规定的时间内赶赴事故现场。不能按约定时间到达的，及时与客户联系，说明原因，取得客户谅解，另行确认事故地点和查勘安排。

(6) 现场查勘基本要求

查勘员到达事故现场后，要向客户发放相关物资和理赔服务监督卡，了解事故成因。详细了解事故发生的时间、地点、原因、驾驶员、车辆和使用性质，并与报案信息和保单信息核对，初步判定事故成因，排查非事故损失风险。

根据了解情况给予责任认定的初步判断，避免客户在不知情的情况下被判定超额承担责任，或主动揽责导致后续赔付纠纷，以上需在现场进行告知。如保险标的尚处于危险中，应立即协助客户采取保护措施，并积极组织施救。

清晰拍摄标的车四角45°带牌照照片，拍摄标的车的车架号，核实是否为承保标的车。对于车架号因锈蚀等特殊原因无法清晰拍摄的，可以拍摄拓印的大架号或者是拍摄（拓印）发动机号，对于拓印的号码要进行整车带车牌号合影拍摄。

勘验双证是否有效，并拍照上传系统；对于无法当场核实的证件，记录证件号码，利用相关网站进行查询核实，并截图保存。现场需确认当事司机驾驶车辆是否与准驾车型一致，对于特种车及营业客车需现场核实操作证、准驾证，确保驾驶资格有效；其他军车、地方或军队证件与所驾车型不符的需备注核实并告知。查勘员（或与现场有关部门人员协商）分析并初步确定出险原因和责任划分，勘验损失情况。

（7）案件上报时效

根据现场查勘信息，初步判断是否涉嫌欺诈。查勘员需在30分钟内上报理赔团队长，团区长结合案件实际情况在线指导，必须在12小时内向分公司车物管理岗上报，并提供切实可行的方案。分公司接到上报后，第一时间给予指导并留言，并在24小时内解决问题并反馈给客户。

（8）现场照片拍摄要求

① 现场的确认：拍摄事故现场整体环境照片，清晰反映路况及现场周边环境，拍摄出险地点标牌（路牌、车站牌）等明显标志物照片，准确定位车辆发生事故的地点；复勘现场应由当事人指明车辆的行驶方向并拍照。

② 证据固化。第一现场证据固化，如行驶线路、方向、路面痕迹（照片拍摄顺序为车辆制动拖印顺行方向，要有起止点照片）、地面散落物、监控摄像头的编码等。

③ 查勘工具的使用。借用查勘工具（如卷尺等），对造痕主体、碰撞客体的痕迹进行高度、宽度、深度的对比测量。

④ 痕迹比对。针对事故中标的及三者车的具体受损情况进行查勘拍照确认。

⑤ 损失件现场确认。查看碰撞部位的具体损失情况，依照查勘定损拍摄要求固化损失配件；对于所有损失部位，在明显位置做好标识，固定损失防范；对可能存在隐性损失的配件，使用易碎贴，例如碰撞前部，必须打开发动机盖，拍摄灯脚位同时贴上易碎贴。

（9）不同类型案件的查勘要点（表5-2）

表5-2　查勘要点

事故类型	基本动作	特殊要求
单方	要求齐备	重点确认车身附着物、痕迹走向、碰撞点、擦痕宽度比对

续表

事故类型	基本动作	特殊要求
双方	要求齐备	核实双车车辆信息，重点关注老旧车型； 核实双车车主与司机关系、司机间关系、车辆维修去向； 核实双车车辆行驶方向、碰撞位置车身接触点、接触后走向、散落物现场位置
含物损	要求齐备	核实否存在违反安全装载规定导致事故的情况； 核实车辆碰撞位置、物损类型、品牌、型号、所属权等情况，拍摄外观损失项目，测量物损的损失面积、数量，了解损失程度，与损失清单进行比对；拍摄同类型物品的完好情况，便于直观比对确定损失程度； 物损类型、清单、损失程度得须当场书面固化并要求物损方及客户签名确认； 小额物损现场快赔，必须拍摄双方交接钱的照片、领款人的身份证及与物损方的关系证明（如单位的员工证件等）
含人伤	要求齐备	单独章节说明

（10）水淹车的查勘

对于水淹车现场查勘时，要高度遵守时效第一原则。调查拍摄车辆行驶方向，注重水深和车辆水渍高度拍摄，确认车辆水淹高度，同时要调查了解车辆水淹时长，在水淹后是否有二次打火情况发生，并尽快联系施救单位予以施救。水淹车案件必须及时查勘，涉及电子元件、集成电路、真皮座椅损失的车辆，应立即联系修理厂家进行清洗、烘干。确定保险责任，车辆损失险条款为列明责任条款，仅有暴雨、洪水造成的水淹车事故属于保险责任，如没有发生暴雨、洪水而出现的水淹车事故不属于保险责任，上报分公司理赔部和后援中心审核后，向被保险人下达拒赔通知书。拍摄现场照片，需注意拍摄标的车被水淹没高度、部位的照片，确定事故损失。

水淹车案件车辆电器、线路部分损失属于正常情况，金属、塑料零部件一般不会损坏，可给予一定的清洗费用。

(11) 火烧车的现场查勘

火烧车辆现场查勘时，分析车辆起火原因。判断是碰撞事故引起燃烧还是车辆自燃引起燃烧；标的是动态状态下起火还是静态状态下起火；检查车辆燃烧痕迹，判断燃烧起火点及火源。

要通过车架号、发动机号等核实是否是标的车，如车辆已经全部烧毁，拓印车架号和发动机号；如车辆车架号部分未烧毁，需拍摄照片后再拓印车架号。需核对车架号、发动机号是否与保单记录、行驶证信息相一致。如标的行驶证也一并烧毁，需到车辆登记机关核对原始登记档案，确认是否为保险标的，在查勘报告中说明。注意对制动痕迹、碰撞痕迹等与事故原因有关的痕迹进行拍照，需拍摄车辆燃烧起火点的照片。

碰撞引起标的着火燃烧是属"车辆损失险"责任范围，而自燃引起标的损失是属"车辆自燃损失险"责任范围。如是外界火源引起标的起火，属于火灾责任，如是标的内物品失火引起标的起火，不属于保险责任。对不属于保险责任的，一定要取得公安消防部门关于车辆火灾原因分析报告或车辆火灾原因相关证明，上报分公司理赔负责人和后援中心审核后，向被保险人下达拒赔通知书。走访、调查现场有关人员，就其当时看到的情况做好询问笔录，并对笔录签名，留下联系电话。根据查勘和调查取证情况，判定事故责任，确定拟赔付的险别。推定全损时，根据市场调查的车辆价值推算着火车辆现在实际价值，按照投保情况和免赔率，确定事故损失。

着火车辆发生部分损失时，应立即进行损失确定。特别注意：因高温引起变形、变质件一定要予以更换，并协商明确最终施救方式。

(12) 盗抢案件的查勘

盗抢险案件要第一时间复勘现场，对当事人进行询问调查并做好询问笔录，进行现场拍照，走访、调查现场有关人员，调查车辆停放、保管、被盗抢的情况，做好询问笔录，关注出险驾驶员与被保险人的关系、保险车辆丢失或被抢的详细经过，特别注意了解车辆被盗前的使用及停放情况。

走访调查现场有关人员，调查车辆停放、保管、被盗抢的情况，做好询问笔录。特别注意了解车辆被盗前的使用及停放情况。对车辆在停车场被盗的，取证停车记录及停车场看车人员的有关书面材料。特别注意停车场收费情况，要求客户提供停车收费凭证，如该地点有人看管收费，请客户协助要求保安、管理人员或物业出具相关证明并写明收费看管情况，为车辆丢失后追偿提供依据。

如果发现案件中存在某些疑点，牵涉到经济纠纷、非法营运等行为，应做进一步调查，取得可靠证据。可以通过公安部门进一步了解案件性质，也可向有关的个人或单位负责人了解情况。

在作笔录时应注意：出险驾驶员与被保险人的关系；车辆为何由出险驾驶员使用；保险车辆丢失或被抢的详细经过，对案件发生有何线索可向公安机关或保险公司提供；是否存在营运行为或经济纠纷以及这两种情况是否与此车被盗（抢）有直接联系；该车手续是否齐全；丢车地点是否有人看管收费，有无收费票据；车况如何，是否进行过修理。

现场查勘后必须在24小时内及时签报分公司上报，由重案调查追偿岗处理。走访接报案公安部门的民警，了解、记录接报案的详细情况。调查车辆购置情况，调查被盗抢车辆的购置、入户上牌及过户、抵押贷款等情况，确定车辆所有权。如被盗抢车辆发生转让，应请被保险人及时提供有关转让证明。对被保险人的财务状况进行调查，防止被保险人因财务状况恶化或利用价差进行保险诈骗。调查车匙及修车情况，调查被盗车辆近期维修情况、被盗车辆的钥匙配备情况，对钥匙进行鉴定，判断是否曾经配过。了解车辆档案，到公安车辆管理部门，核实档案记载的车牌号、车型、生产及上牌时间、车架及发动机号码等资料，核对被盗抢车辆是否已经挂失、封存档案。调查案件侦破情况，调查人员应经常与公安机关刑侦部门联系，积极协助破案。在保险车辆被盗抢3个月后，应及时了解被盗抢车辆的侦破情况。

根据现场查勘及案件调查情况和车辆实际使用年限，计算保险标的现有实际价值，及时在网上车险理赔系统内完成损失核定，将调查取证资料及时上传。

5.1.2 新能源汽车查勘要点

新能源汽车的结构跟传统燃油车相比有着比较大的差异，从查勘角度来看，主要是车辆高压部分的差异和配件价值的差异而造成查勘侧重点和注意事项不同。新能源汽车存在高压,动力电池电压普遍在300V以上,就意味着在车辆出现事故以后,尤其在损失较严重的情况下,车辆高压系统可能受外力撞击或涉水等造成高压线束或高压电池破损,有存在安全风险的情况,所以,如何安全查勘成了各家保险公司和查勘人员比较关注的重点。新能源汽车结构不同,动力电池的安装位置不同、价格较高,也使得事故中易出现难以判定的损失。也就要求新能源的查勘应当有清晰的流程,对查勘员的技能要求也比较高。

保险公司查勘员在接到保险公司后台的调度信息之后,需要及时地确认被查勘车辆是否为新能源汽车,并且做好查勘前的准备工作。

查勘人员在收到车辆报案信息(表5-3保险代抄单)之后,可以通过代抄单信息来了解要查勘车辆的基本情况和损失。可以根据代抄单信息中的车辆牌照号[如鲁AD(F)12345,D表示纯电、F表示混动]、车辆厂牌型号(如特斯拉、小鹏、理想、蔚来等)预先了解车辆是否为新能源汽车。好多新能源汽车后部往往有代表新能源的EV、HEV等明显标志(图5-1),也可以据此辨别车辆是否为新能源汽车。

表5-3 保险代抄单

机动车辆保险报案记录(代抄单)

保险单号: 报案编号:

被保险人:		号牌号码:	号牌底色:蓝
厂牌型号:		报案方式:	
报案人:	报案时间:	联系人:	联系电话:
出险时间:		出险原因:	是否第一现场报案:
出险地点:		驾驶人员名称:	准驾车型:
驾驶证初次领证日期:		驾驶证号码:	
处理部门:	承保公司:		客户类型:
VIN码:	发动机号:		车架号:
被保险人单位性质:		车辆初次登记日期:	已使用年限:
新车购置价:	车辆使用性质:		核定载客 人 核定载质量 kg

图5-1 车辆新能源专有标识

(1) 获取基本事故信息

查勘人员在通过调度及收到报案信息,并且确认车辆为新能源汽车型后,应及时地联系客户来初步确认并且判断车辆事故程度及车辆基本状态,对之后的现场查勘做好准备工作。

在与客户联系过程中,主要对以下几点做好了解,才能在查勘过程中保证自身安全并且确定好损失。

① 了解车辆基本事故状态,水淹、碰撞还是拖底,有无明显动力电池包或高压系统电器损失。

② 了解新能源汽车的基本状态,如车辆能否继续行驶等。

③ 了解车辆仪表是否有故障提示。

④ 了解车辆电池包是否有明显损失,有无漏液、破损等。

⑤ 了解是否存在人员伤亡事故。

(2) 携带必备及常用新能源查勘防护工具

在获取事故现场基本情况之后,根据车辆受损情况做出查勘预案,并且携必备新能源查勘工具,到现场进行查勘。由于新能源汽车存在高压,尤其事故车辆更是存在隐患,需要携带新能源必备及常用查勘安全防护及检测工具。

① 高压警示标志

在查勘现场事故车辆旁应放置高压警示标志,如图5-2所示,提醒他人车辆故障,存在高压安全隐患,不得触摸。

图5-2　高压警示标志

②警示围挡

警示围挡,如图5-3所示,可有效地提示其他人员勿进入事故现场,防止人身安全事故的发生。建议查勘人员携带便携式围挡在事故现场车辆故障部位处进行围挡。

图5-3　警示围挡

③绝缘鞋

如果现场需要触碰事故车辆,需要穿绝缘鞋,戴绝缘手套,如图5-4所示,防止误操作或车辆高压系统漏电而引起的触电等人身安全事故。使用前需检查绝缘鞋是否有损坏，目视检查绝缘鞋有无金属片、钉子、磨损或其他鞋底问题。

图5-4 绝缘鞋

④ 常用绝缘工具

绝缘工具，如图5-5所示，需要耐压1000V以上，使用前检查绝缘部分不能有破损或损坏。建议查勘常备部分常用绝缘工具，如拆卸12V蓄电池正负极绝缘套筒或扳手等。在遇到有高压系统损坏的部件需要应急拆卸或检查时，需要用到绝缘工具，拆卸高压系统部件必须使用绝缘工具进行操作，并且要佩戴好绝缘防护工具。

图5-5 绝缘工具

⑤ 绝缘防护手套

绝缘防护手套，如图5-6所示，需要耐压1000V以上，在触碰车辆及受损位置时佩戴。在拆卸高压系统模块及电池包等高压操作时需佩戴。

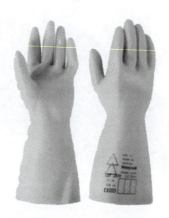

图5-6　绝缘防护手套

⑥ 绝缘表

绝缘表，如图5-7所示，用于测量车辆高压部分绝缘阻值。对于车辆底部拖底严重、有明显的漏液情况的电池包或进水的事故车辆，都有可能出现绝缘值降低或漏电等情况，需要使用绝缘表检测车辆绝缘值是否良好。

图5-7　绝缘表

⑦ 万用表

万用表，如图5-8所示，可以测量车辆直流、交流电压及电阻等数据。新能源汽车查勘时，可用于测量事故车辆是否存在漏电等情况。

图 5-8　万用表

携带好必备查勘工具及防护器具，能够安全并且有效地保护自身安全，并且对车辆损失做到准确的判断和数据的采集。

(3) 新能源汽车现场查勘操作要求及流程

当查勘员确认好被查勘车辆为新能源汽车，且到达事故现场后，除需要按照查勘基本要求查验车辆基本信息是否属于承保标的、是否存在三者损失、出险车辆与现场是否吻合、相关的驾驶证、行驶证相关信息是否准确等之外，还要对车辆的事故基本情况进行判断。

如果车辆出现特殊情况，如新能源汽车电池部位或高压部位因短路出现冒烟、起火等现象，或车辆周围有明显的电池或高压部件短路而引起焦煳味道时，说明该新能源汽车非常危险，存在漏电或起火自燃等风险较大，此时切勿靠近车辆，并提醒客户和其他人员远离车辆，并立即拨打火警（119）电话。

若车辆未出现上述较危险情况，则可以按照新能源查勘流程进行。现场查勘工作可参照以下基本流程进行：

① 首先在车辆周围设置警示标志和围挡。

② 对车辆进行外观检查，初步判断车辆损坏部位及是否存在高压部件受损。

③ 使用试电笔或绝缘表检查车辆损坏部位是否带电。

④ 在确认安全的状况下，对车辆仪表盘信息进行检查。一般新能源汽车仪表或中控屏会显示车辆高压基本数据或故障信息，如车辆电池剩余电量或车辆剩余行驶里程、电池总电压、运行电流、高压故障灯等信息，需要在第一现场拍照留存。

⑤ 查勘完毕后，尤其是存在高压故障或高压部件受损的新能源汽车，要及时拆解12V蓄电池，条件允许的情况下，要拆解动力电池高压维修开关。

⑥ 按查勘要求拍照记录车辆其他受损位置及痕迹信息。

⑦ 协助施救人员将车辆拖至维修单位。

> **安全提示：**
> 若动力电池包高压部件外壳损坏或受损严重，则车辆可能出现绝缘失效漏电的情况，需要特别注意人身安全、佩戴好安防护工具，必要时可以联系专业合作机构人员进行协助处理。

(4) 对于不同事故场景下的查勘要点和注意事项

在不同场景下、不同的事故类型会对车辆造成不同的损伤，根据新能源汽车与燃油车的不同，新能源常见事故可分为拖底事故、碰撞事故、水淹事故和火灾事故等四类。

① 碰撞事故的现场查勘

根据新能源汽车的高压结构特点，一般的前后碰撞受损事故可能除了有常规件损失之外，也容易有部分高压配件损失，如充电机、PEU、充电口、电机控制器、动力电池等。

对于碰撞事故，在查勘现场时应该着重注意以下事项：

a. 在车辆周围设置好警示标识和围挡。

b. 环顾车辆，检查受损部位，注意车辆是否有特殊焦糊气味等。

c. 拍摄受损位置及易损部位配件照片。

d. 目视检查车辆高压部件受损情况，必要时佩戴安全防护工具测量受损位置绝缘是否正常、是否存在损坏漏电等情形。

e. 检查车辆仪表盘信息，拍摄仪表照片，重点检查仪表是否显示车辆电池剩余电量或续航里程、高压故障灯是否点亮、其他故障灯是否点亮。

  f.部分车辆充电口位于车辆前中标或附近的位置,此时前部碰撞易造成车辆充电口损坏或变形。由于车辆充电口有高压及低压控制线路,安装有高压互锁装置,互锁装置的断开,会使车辆有高压故障,使得车辆强制下电,无法行驶,此时要尤其注意充电口损伤情况,防止后续定损过程中损失扩大。充电口位置比较明显,需重点检查车辆充电口的损伤程度,尤其高压线束是否存在破皮、高压铜线是否有裸露的情况,如果有,则在保证安全的前提下做简单绝缘处理,避免裸露高压铜线直接与车辆车身打铁连接。对于低压部件,要检查包括电子扇、冷凝器、制动系统等是否碰撞损坏。

  g.若检查后车辆不能行驶,或存在高压风险影响人身与车辆安全时,需要第一时间断开12V蓄电池负极,到店后第一时间断开车辆高压动力电池维修开关。

  ② 拖底事故的现场查勘

  在新能源汽车的拖底事故中,尤其是纯电型新能源汽车,动力电池的安装位置都是在车辆底部。拖底主要损伤的部件就是动力电池包,而且电池包的配件价值高,事故中的赔付率高,风险较大,所以在拖底事故中对电池损伤事故的查勘是非常关键的。

  具体流程可以分为:

  a.到达现场后,首先在车辆周围设置警示标识和围挡。

  b.目视观察动力电池包外观,也可根据现场碰撞物或拖底痕迹综合判断电池包损伤程度。若电池包存在明显漏液、冒烟或有明显刺激性气味时,需及时远离车辆,提醒他人请勿靠近,并及时拨打火警电话。

  c.仪表盘检查,检查仪表盘能否正常显示电池基本信息、高压故障灯是否点亮、其他故障灯如车身故障灯等是否点亮。并且第一时间使用专用检查设备(如AIC新能源智能检测设备)对车辆进行全车诊断。

  d.若目视电池变形明显,且仪表提示电池故障,不应继续驾驶车辆,要及时现场拆解动力电池12V负极电源,有条件的可断开动力电池高压维修开关。

  e.检查其他位置,如动力电池高低压接口和高压线束有无拖底破损等。

③ 新能源水淹事故现场的查勘

根据新能源汽车结构特点与高压部件或动力电池安装位置等，在雨季尤其是强降水或易发生城市内涝的地区，新能源汽车的水淹查勘则需要更加重视。一个是水淹车可能会发生漏电风险，要注意查勘人身安全；另一个是要对水淹新能源汽车通过查勘基本判定损失。

具体流程可以分为：

a. 水淹车现场查勘，要佩戴绝缘防护工具，绝缘手套，穿戴绝缘鞋；

b. 观察车辆有无电池冒烟和糊焦气味；

c. 在车辆周围设置警示标识和围挡；

d. 测量车辆进水高度、拍摄车身水位线痕迹；

e. 确认水淹时间和水质情况；

f. 检查车辆仪表台信息，对于三级及以上（淹没座椅及挡杆以上）水淹高度的车辆，建议由专业机构人员协助检查，检查仪表台基本信息、电池剩余电量或剩余续航里程、高压故障灯是否点亮；

g. 及时断开12V负极电源和高压维修开关；

h. 车辆拖车时要使用板车托运，不可使用直接拖拽的方式，容易损坏驱动电机及控制器。

④ 火灾事故的查勘

对于新能源火灾事故的查勘，查勘前应先查明出险车辆是否投保自燃损失险，是否构成保险责任，到达事故现场可通过询问车主起火原因、观察车辆损失状态和起火部位等判断车辆损失和保险责任。

电动汽车起火一部分是由于动力电池的热失控造成的，另一部分是由于动力电池充放电、电池包受到外界撞击、使用环境温度过高、线路短路等原因造成的，当然也不排除是由于外部原因导致车辆起火燃烧。

新能源汽车动力电池起火，用传统办法很难灭火。因为动力电池起火属于化学反应，再者动力电池的安装位置在车辆底部，动力电池上盖也有部分阻燃作用，普通的灭火设备在起火前期很难精准覆盖到电池表面，所以新能源汽车电池起火使用灭火器灭火效果并不佳，比较有效的方法还是准备大量的水进行覆盖式阻燃，降低损失，但是一定要做好绝缘防护措施。

新能源汽车起火一般原因有：

a. 自燃：车自身高压系统或低压系统内部故障或短路、电池自身热失控等，车内存在易燃物，如火机、香水等。

b. 引燃：外部火源导致车辆发生燃烧，如其他车辆自燃引燃本车。

c. 碰撞（含拖底）：新能源汽车在碰撞后造成高、低压线路短路，动力蓄电池内部漏液发生热失控，导致起火。

d. 雷击：恶劣雷雨天气，雷电产生的高压电流击穿汽车高、低压电器或易燃物引起燃烧。

e. 充电时电池热失控发生起火。

由于新能源汽车存在高压，查勘时需要尤其注意人身安全，要携带必要的查勘专用工具。

a. 穿戴好防护工具，如绝缘手套、绝缘鞋、护目镜，尤其是火灾现场，新能源电池的燃烧比较剧烈，现场查勘时建议佩戴好护目镜。

b. 检查车辆自燃损失情况，可多角度拍摄车辆自燃的位置及燃烧起火点。

c. 设置好警示标识。现场防止高压危险警示标志和围挡，防止其他人员进入发生触电等安全事故。

d. 查看车辆外观，根据起火状态判断燃烧位置；查看动力蓄电池是否冒烟、起火并及时对其状态进行拍照。

e. 对于火势较重车辆，需详细拍摄损坏部件，为车辆损失评估做准备；若现场火势较重应暂时远离车辆，并及时拨打火警电话救援，防止由于车辆自燃而引起其他物品损失扩大的情况。

f. 对于火势轻微且未涉及动力蓄电池的车辆，灭火后及时将12V蓄电池负极及检修开关断开，并等待15分钟以上。

g. 灭火后，索要起火原因证明。

h. 因起火事故的特殊性，可在灭火后补充查验车辆信息及驾驶人信息。

i. 根据需要协助施救车辆进行拖车。

5.2 新能源汽车事故的定损流程

5.2.1 传统车辆定损流程及注意事项

(1) 流程说明

① 与查勘人员交接案件信息指系统下生产定损任务后检查案件基本信息查勘人员是否完成，并了解案件的基本情况及在定损时需要注意的关键点。

② 确定车辆是否需要拆检，指了解车辆基本损失状态以及关键损失项目，提前大致了解车辆维修金额。

③ 引导客户至合作车商维修，指根据客户车辆品牌推荐至我司合作车商维修，并约定拆检定损的具体时间。

④ 按约定时间约定地点对受损车辆金额损失确认，并根据拆检结果确认维修项目。

(2) 流程步骤

① 损失项目确认后，需要确认待查、复勘、回收配件项目，并对待查、复勘、回收的配件项目使用易碎贴。与客户及承修方约定定损结果出具时间及告知回收配件留存。

② 及时将受损车辆定损信息录入系统提交审核，并在车辆维修过程中对车辆进行复检，确认损失金额后及时告知客户、承修方损失认定结果。

③ 根据复勘、回收的结果对已经确认的定损结果进行修正，并将结果告知客户、承修方，达成最终损失协议并经被保险人确认。

(3) 案件信息基本交接流程

① 查勘系统案件基本信息，了解出险经过、损失车辆数量、查勘平台车辆预估损失金额、历史案件赔偿信息。

② 向查勘员了解案件查勘结果，包括事故责任初步判断结果、案件性质是否存疑、车辆所在地点、受损车辆联系人联系方式。

(4) 定损环节所需必备工具

① 检查查勘车辆电量情况是否满足定损距离；

② 检查定损相机、查勘手机是否可以正常使用、是否电量充足、

内存是否充足;

③ 检查定损单证是否齐全,需携带机动车辆损失情况确认书、授权委托书、旧件回收单、复检通知书、权益转让书、保险条款等;

④ 检查定损工具是否齐全,需携带千斤顶、工具包(锤子、钳子、一字螺丝刀、十字螺丝刀、活动扳手、1~24号扳手)、警示标志(移动防撞桶、三角反光板各一个)、灭火器、尺子(卷尺、软尺各一个)、电筒、反光背心。

(5) 核实受损车辆

① 核实定损车辆车牌号码与VIN码是否与查勘人员确认的一致;

② 核实定损车辆外观损失是否与查勘环节拍摄的损失一致;

③ 如受损车辆VIN码及外观损失与查勘环节核实的结果不一致,应立即电话联系查勘人员及标的车被保险人详细了解基本情况,并向承修方核实车辆进出情况,直至能确认定损的车辆为事故造成的损失车辆。

(6) 定损照片拍摄规范

① 照片拍摄总体顺序:45°全车照(前后)—车架号(VIN码)—局部损失远景—局部损失近景—拆解前内部损失近景—拆解前贵重配件特写—拆解过程照—拆解后损坏件照片—损坏件损失部位特写—复检回收照—验车照。

② 全车照拍摄要求:拍摄整车左前、右前、左后、右后四个角,要求45°角拍摄,能反映车型全貌,清晰显示车牌号码,可以看到损失部位,如图5-9所示。

图5-9　45°角整车照

③拍摄车辆车架号（VIN码）相片，如图5-10所示。

图5-10　拍摄车架号（VIN码）

④局部损失远景及近景：能清晰反映受损部位的外貌和受损程度；对于损失部位比较隐蔽或较为微小的，还应当针对该部位进行近距离局部拍摄，必要时可用手指或书写笔指示损失部位，如图5-11所示。

图5-11　局部照片

⑤拆解前内部损失近景：能清晰反映拆解前内部损失情况，对于从外观无法反映的内部配件损失进行补充，确定损坏配件与保险事故的关系，如图5-12所示。

⑥拆解前关键损坏配件特写：对贵重的配件进行特写拍照，固定是否损坏的证据，防止在拆解过程中由于人员主观原因导致配件损坏，

如图5-13所示。例如，发电机、空调泵、ABS泵、专项助力泵等可直接反映在车辆内部中的配件。

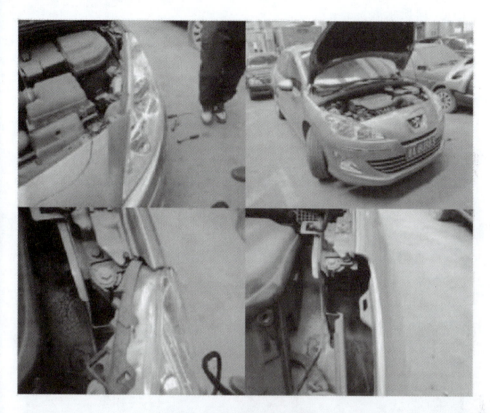

图5-12 拆解前损失照片

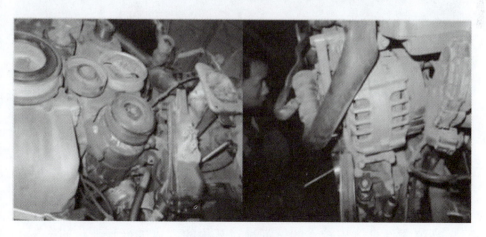

图5-13 配件照片

⑦ 全程跟踪拆解过程：拍摄层层剥落照片，第一时间记录存在隐性损失的零配件，防止在拆解过程中由于人员主观原因导致配件损坏，如图5-14所示。

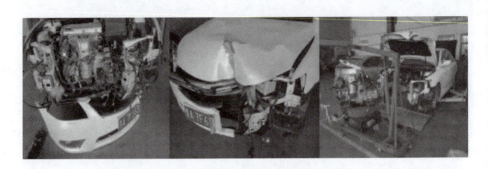

图5-14　拆解过程照片

⑧ 拆解后损坏件照片及损坏件损失部位特写：拆解完毕后，对于散落的损坏配件进行逐一拍摄，清晰反映出是何配件、受损部位、如何受损，根据换修标准确定定损单项目；可在拆解前确定的损失，需在定损标的未拆解前进行拍照，反映出损失细节。拆解后确定损失的配件及高值配件，需逐一拍摄落地照，如图5-15所示。

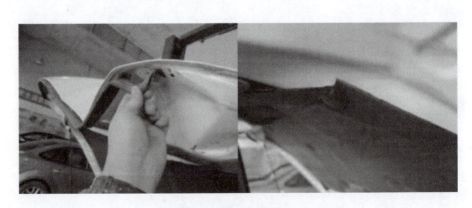

图5-15　损失特写照片

⑨ 复检回收照：高值配件且体积较小的，需回收并拍摄回收照片，如图5-16所示。

高值配件且体积较大的，需通过复检的方式进行验证，如图5-17所示。

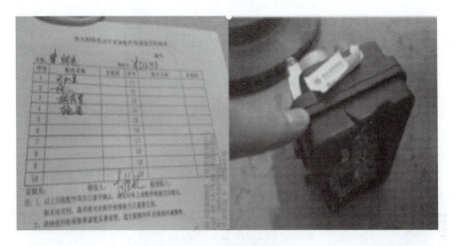

图5-16　配件回收照片

图5-17　新旧对比照片

配件损失不直观，肉眼无法判断需进一步进行损失判定的配件，需粘贴易碎贴，进行拍摄，如图5-18所示。

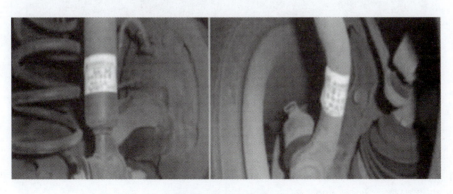

图5-18　易损贴

对于损失较大、更换项目较多、单个配件金额在3000元以上、更换地盘配件等情况，应在维修完毕后拍摄验车照片，再次核实损坏项目，如图5-19所示。

图5-19 修理完毕验车照片

（7）拖底事故拍照

拖底事故应有拆解前的损坏部位照片，拍照受损部位应能体现事故过程的连贯性，受损零部件要有清晰的照片体现损失，如图5-20所示。

图5-20 拖底事故拍摄

（8）水淹事故拍照标准

① 涉水高度：拍摄车体上的水位线，可以判断哪些配件可能因涉水造成损坏，如图5-21所示。

图5-21　拍摄水位线

② 水淹痕迹：对驾驶室地板、空气滤清器等可储水的配件进行拍摄，固定水淹证据，如图5-22所示。

图5-22　车内水迹

③ 电子元件：由于涉水事故对电器元件损坏的可能较大，因此在定损过程中应重点对电器进行拍照取证，反映损失程度，如图5-23所示。

图5-23　线束保险盒水迹

(9) 定损标准

① 维修方案确定：根据损失程度确定维修方案，如符合包干定损或推定全损标准，根据公司推定全损案件流程进行处理，不符合标准的案件按一般流程进行拆解定损。

② 价格方案确定：维修单位为专属品牌服务站，按服务站价格定损；非专属品牌服务站及一般修理厂维修，按市场价格进行定损。

③ 损失项目确认：根据车辆损失照片拍摄顺序，依据先外观后内部、先前部后后部的原则逐项拆解定损。

5.2.2 新能源动力电池定损

目前，新能源汽车采用的混动技术和纯电技术都涉及动力电池，且动力电池的安装位置不同，设计侧重点不同，不同的事故类型也有不同的损失情况。纯电型新能源汽车动力电池一般都安装在车辆底部，并且会设计一定的防水能力和底部抗碰撞的能力，部分车型或电池厂商在动力电池底部装有专用的电池护甲，能有效地防止碰撞时电池的形变，轻微的拖底一般不会造成动力电池较为严重的损失及安全隐患。图5-24展示的动力电池护甲能有效地抵抗拖底等碰撞事故。下面，根据新能源汽车不同的事故形式，分别介绍新能源汽车在动力电池环节的定损步骤。

图5-24 底部护甲

对于新能源汽车动力电池的维修方式主要有以下几种：动力电池包返回厂家维修、厂家技术人员到店检测维修、厂家委托授权单位进行修复和委托专业机构进行检测修复。

不管是哪种维修方式，都需要对动力电池的损伤情况进行确认。由日常经验得知，新能源电池损伤的事故多集中于拖底和水淹事故。在查勘现场时，对事故性质和车辆大致损失和位置有初步的确认后，在定损过程中还需要对动力电池损伤的形态进行进一步检查。例如，对动力电池的受损位置进行拍照取证，拍照的特点能够直观、清晰地反映出动力电池损失情况、外壳的凹陷程度、破损程度、是否漏液等，可以作为判断动力电池损失比较关键的依据。下面分别介绍动力电池拖底损失和水淹损失定损的要点和注意事项。

（1）新能源动力电池拖底事故损失的定损方法

拖底受损的新能源事故，一般常见于纯电动的新能源汽车，因为此类车辆的动力电池包安装于车辆底部，如图5-25所示。

图5-25 动力电池包安装位置

一般燃油车的底盘离地间隙大于150mm，由于动力电池结构及车辆设计等因素，部分车辆的底盘离地间隙要小于自家同型号的燃油车，因此车辆通过性更差，相对于燃油车更容易造成拖底等事故。由于动力电池安装位置在车辆底部的特点，以及查勘现场的局限性等原因，现场查勘环节不可能确认电池的真实损失情况，需要在车辆进入承修厂之后，在定损环节对新能源汽车和动力电池进行详细的检查和损失的确认。

① 确认车辆损失

车辆进入承修厂维修工位后，应首先检查车辆是否断电，车辆举升后对拖底位置检查有无破损、漏液等明显受损情况。在举升车辆之前，除断掉12V低压电瓶电源接线之外，还应确认车辆动力电池是否安装有外置动力电池高压维修开关（MSD）。如果有，需要检查并断开车辆MSD维修开关后再对事故车辆进行举升检查作业。

举升车辆之后，定损人员及技术人员应佩戴高压防护工具，查看动力电池受损部位情况，如果车辆动力电池有明显漏液，出现刺激性气味或有烟雾出现，则说明车辆动力电池已经发生热失控现象，有自燃、爆炸风险，应立即停止定损工作，即刻准备灭火器材并拨打火警电话。

② 确认电池损失

若电池无漏液、穿刺、刺激性气味等异常情况，可以观察动力电池的受损具体位置，并且观察动力电池下箱体有无明显裂痕、破损等比较直观受损的情况。可以对拖底损失做出基本判断，是轻微刮擦、明显变形，还是电池已经出现破损。如果目测动力电池有明显变形痕迹或凹陷痕迹，则可以使用深度尺测量动力电池受损部位的凹陷度。

使用测量尺进行测量时，需要佩戴绝缘手套。动力电池在受损后，如有内部模组受到挤压、变形，可能会导致动力电池的绝缘性下降，甚至会导致漏电的风险，所以在进行测量变形深度工作时，必须佩戴好绝缘防护手套，穿戴好绝缘鞋，保护人身安全，防止触电等意外事故的发生。

如果动力电池的受损部位已经受损出现下箱体破损，可以看到内部受损的电池模组，则不能使用且没有必要再使用深度尺进行测量环节的工作，因为一般的深度尺测量杆为金属材质，如果直接触碰受损的电池模组，可能会造成动力电池内部短路，有发生触电的可能，所以此类事故无需进行测量，直接对动力电池进行下一步的拆检工作。

如果动力电池的刮擦或变形深度在5mm以内，并且没有明显破损及漏液的情况时，在动力电池拆检之前，如有条件可以对车辆进行短时间通电，打开车辆点火钥匙，观察并记录车辆仪表信息及仪表中是否存在高压系统故障提示或故障灯点亮。如有条件可使用新能源专用诊断设备（如AIC-S，如图5-26所示）等对车辆高压系统及动力电池系统进行诊断扫描，并获取诊断报告、获取车辆高压部分的故障码等信息，有些车型或者电池厂家在通过诊断仪诊断之后，可以读取到车辆动力电池中该车的车架号、车辆行驶里程等信息，可以辅助判断车辆案件性质、电池包有无更换过等情况，及确认车辆高压部分故障码等。

报告编号 3327531

汽车全系统人工智能检测报告

该报告由 华元AIC 提供

车辆信息

VIN码：LC0CF4CD5K1012907

车辆品牌/车型：比亚迪/唐EV600D

年款：2019

里程：0

检测机构

名称：

地址：

联系电话：

AIC序列号：986990006419

检测时间：2022-12-04 17:25:48

检测地址：

检测结果

车身系统部分存在16个问题：

1. 冷却液温度过高
2. 不允许智能充电
3. 整车限功率
4. 接收到电子车身稳定系统的无效信息故障

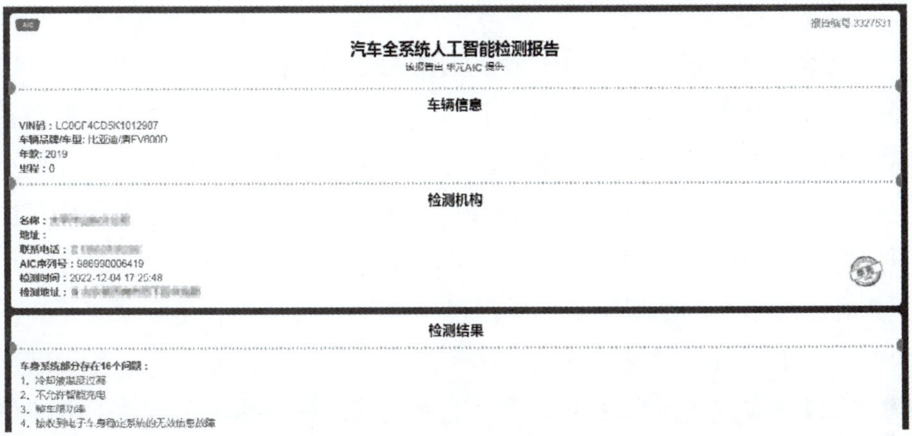

图5-26　AIC-S检测报告

检测报告（图5-27）可以比较详细地读取车辆高压系统及电池系统的故障情况，对动力电池的后续定损的工作会有比较大的帮助和协助作用。

车身系统部分存在16个问题：

1. 冷却液温度过高
2. 不允许智能充电
3. 整车限功率
4. 接收到电子车身稳定系统的无效信息故障
5. 氛围灯电子控制单元与车身控制器失去通信
6. 氛围灯电子控制单元与组合仪表失去通信
7. 左前灯与组合开关失去通信
8. 右前灯与组合开关失去通信
9. 与主驾座椅电动调节开关通讯故障
10. 获取卫星导航系统数据失败
11. 模式电机转不到位
12. 电池热管电动水泵空转故障
13. 电池热管电动水泵欠压故障
14. 电动压缩机多次启动失败
15. 行车记录仪以太链接失败
16. 多媒体以太网通讯故障

以下关于车身系统部分检测正常

1. 动力网-电池采集器(BIC)
2. 动力网-三元电池管理系统_600(BMS600)
3. 动力网-充配电总成(CDU)
4. 动力网-升压DC(DC)

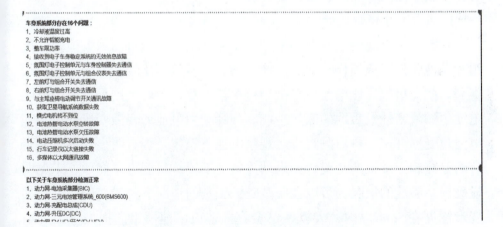

图5-27　AIC-S检测报告故障信息

③ 动力电池包的损伤程度及修换参考

对于新能源电池拖底事故，以及电池的安装位置等特点，根据拖底碰撞程度不同，可以将电池的受损程度分为几种损伤的类型，并且可根据损伤类型的不同给出不同的维修方案，防止在车辆维修过程当中出现过度维修以及损失扩大的情况。

a.动力电池轻微划痕

轻微划痕的定义是动力电池下箱体仅受到轻微的划痕或者装甲涂层轻微受损,并未实质影响到动力电池的使用安全、性能、防水效果和各项参数等。那如何来判断车辆的动力电池属于轻微划痕呢?第一种检查为目测,可以对动力电池包受损部位外观进行观察,确认壳体是否存在明显变形、凹陷及破裂,如目测没有明显破裂、没有明显变形,可以在佩戴好绝缘手套的情况下,使用深度尺测量受损位置的变形深度。如无变形,则不会造成模组损坏,可判断内部的模组及其他附件不会受到影响。除目测方式之外,还需要使用电池包气密性检测仪,对动力电池包进行气密性检测。使用新能源专用检测设备对车辆的动力电池包进行诊断,读取动力电池的故障码及各项电池参数,如单体电压、绝缘性等,若电池包气密性通过,并且设备诊断无故障,各项数据流正常,可使用诊断设备检测,清除偶发性故障码。如果显示高压电池部分数据流正常,则可判断内部的模组及高压部件未受影响,可以对电池壳体进行修复,重新喷涂防护涂层,做防锈处理。

b.动力电池轻微变形

判断动力电池轻微变形的关键在于碰撞程度是否对动力电池内部模组和其他附件造成损伤。此类碰撞、拖底的事故是比较常见的一种事故类型,此类事故要比电池包轻微划痕稍微严重,主要区别是可能会影响电池包的气密性及后续的散热性能。判断动力电池的轻微变形,可以在电池包受损部位进行目测观察,观察电池下箱体是否有明显变形,是否有明显穿刺、破损的情况,如果动力电池下箱体目测可见变形,未见明显破损、漏液的情况,可以在佩戴防护工具的情况下测量变形深度。如变形深度在5mm以内,大概率不会直接造成电池模组的损失。因为电池模组都留有散热水冷板空间,部分电池包的下箱体是双层材质设计,可承受一定壳体变形。如变形深度在5mm以上,则需要拆检动力电池,检查模组及水冷系统是否受到挤压变形。拆检后可以使用新能源诊断设备进行车辆诊断,读取动力电池高压系统故障码。在系统无故障、各项参数正常的情况下,检查车辆有无其他受损位置,检查正常后可以对车辆进行通电测试。车辆正常通电,仪表不提示故障,新能源诊断仪在诊断电池无故障情况下,可判断动力电池为轻微凹陷故障。之后需要对动力电池进行气密性检测,并记录该电池包气密性能否通过。

修复建议:目前各家电池厂商及新能源汽车厂商对于不同车型的动力电池包的装配方式有所不同。普通组装形式的动力电池模组可拆卸,电池下箱体及水冷板等附件也可以进行单独更换。在电池包气密检测不通过的情况下可以更换下箱体的方式进行维修。如果为CTP组装形式的动力电池包,则电池模组和电池水冷系统、电池下箱体之间使用固体胶进行加固,电池模组和其他部分附件是无法进行单独拆卸和更换的,尤其在电池包下箱体受损、气密检测不通过的情况下,需要整体更换电池包。

c.动力电池严重损失及破裂的情况

当车辆拖底损失比较严重时,如图5-28所示,电池包下箱体通过目测观察存在较为明显变形及破损的情况,而且液体渗出,这种情况说明动力电池不仅壳体损坏,电池包内部绝缘性及气密性也受到影响,电池包内部的模组大概率出现严重损伤,此类损伤严重影响行车安全,存在极大安全隐患。

图5-28 车辆拖底严重导致电池包损坏

对于此类电池包受损严重的情况,查勘定损人员应当首先确保安全,第一时间断开车辆的12V蓄电池负极电缆,断开动力电池的高压维修开关。在新能源专业维修场地对车辆和动力电池进行车、电分离,电池包要单独放置在安全区域,周围设置明显的警示标识。及时对电池包进行拆解，检查电池包内部的受损情况，检查电池水冷板是否有破损、是否有漏液，电池模组是否变形损坏，检查电池包水冷板无有破损或变形的情况，有无漏液的情况，如图5-29所示。

图5-29 电池包漏液

如图5-29所示，渗漏的液体为电池冷却液。动力电池水冷板的作用是给电池模组加热或降温。由于水冷板紧贴电池模组下方排列，水冷板变形破损后，冷却液会浸泡动力电池模组。由于冷却液具有导电性和较强的腐蚀性，如果处理不及时，会导致动力电池模组出现腐蚀损坏、电池电压下降，出现单体间压差故障、动力电池绝缘故障，严重的情况下，可能出现电池包漏电或者出现热失控自燃等情况，存在较大的安全隐患。

一旦发现动力电池出现严重变形、穿透、漏液的情况，要在专业场地及时检测并拆检动力电池包模组，进行防护处理，防止安全事故的发生。对于普通组装的电池包，可以进行单独拆检，并且可以单独更换受损配件。如涉及模组较多，也可通过更换电池总成或厂家置换等方式处理，如果电池组装形式为CTP模式组装，需要更换电池总成。

(2) 新能源动力电池水淹事故损失的定损方法

由于动力电池包的安装位置在车辆底部，主机厂和电池生产厂商会对动力电池包采取一定的防水措施，在动力电池高低压插头插接口内设置防水密封圈，如图5-30所示。

图5-30　动力电池高低压插头插接口内设置防水密封圈

为保证动力电池的防水能力，动力电池的上下箱体之间也有防水防尘密封圈，如图5-31所示。

图5-31　动力电池防水防尘密封圈

动力电池具备防水等级为IP6、IP7级别的防水能力，短时间涉水行驶不会造成动力电池的进水损坏。现实情况中，导致动力电池包进水的因素很多，例如车辆是否有过拖底的事故，动力电池有无维修过，是否按厂家要求装配后检测气密通过性，电池是否因长时间使用出现轻微变形、壳体氧化腐蚀，以上情况都可能导致动力电池包失去防水效果，对电池的涉水能力造成一定的影响。尤其是夏季暴雨导致的车辆水淹事故，如果水淹车辆比较集中，施救不及时，车辆浸泡时间过长，可能导致电池内部进水，造成电池模组和其他附件的损坏，甚至发生电池内部进水，造成短路，发生热控自燃等危险情况。如果防护措施采取不当，还可能诱发电池漏电造成人身安全事故。所以在遇到新能源电池的水淹事故时，首先应了解新能源汽车及电池特点，有足够的安全意识，穿戴好防护装备，在确保安全的情况下进行车辆及电池的定损工作。

新能源水淹车动力电池损失判定可以通过以下几个环节进行：

① 检查车辆水淹高度

检查车辆水淹高度，确定水淹时间，确认水质。对于车辆的动力电池，最可能进水的部位在高低压插头接口处、上下箱体密封处等，根据电池自身防水等级和进水时长来判断动力电池的进水可能性，也是可以参考的重要指标。

② 检查动力电池外观

电池的安装位置、使用时长、有无拖底事故都会影响动力电池密封性能，定损时首先检查动力电池外观，有无明显破损、变形，冷却水管及高低压接口处有无破裂等影响电池密封的情况。

检查项目：

a. 拔插高压线束插接口、低压通信接口，看有无进水痕迹、有无破损；

b. 检查电池泄压阀功能是否正常及外观正常；

c. 检查电池侧面及底部有无拖底变形痕迹；

d. 检查上下箱体固定螺栓是否有松动、缺失；

e. 检查水冷接口是否变形；

f. 检查动力电池水淹高度和水淹时长。

③ 动力电池气密性检测

对电池进行详细的外观检查之后，仍无法明确判断动力电池有无进水时，可对动力电池进行气密性检测，进一步判断电池包的水淹情况。如果气密性检测通过，说明电池包本身密封良好，结合密封插接件是否干燥、有无水迹情况，综合判断电池包是否进水。如果电池气密检测不通过，则说明动力电池密封不达标，长时间涉水，动力电池包进水概率较大，需要进行更详细的检查和检测。对动力电池进行气密性检测时，应当参考各电池厂家的气密参数。一般动力电池包气密充气压力为3～6kPa，水冷板气密压力为300kPa左右，具体以相应电池厂商参数为准。

检测方法：

a. 首先应观察动力电池有无明显外伤、破损情况，检查各高低压插接口有无明显破损、断裂、破裂的情况，检查电池包上下箱体结合处螺栓有无明显松动、缺失等情况。

b. 断开动力电池高低压插接件，使用专用电池包气密工装进行插接、密封。

c. 使用专用密封卡具，密封动力电池包防爆阀（泄压阀）。大部分动力电池都有泄压阀，泄压阀一般安装在动力电池上箱体，当电池内部出现热失控等非正常情况时，起到泄出压力的作用。做气密性检测时需要对泄压阀进行密封，一般可使用专用卡具或密封蓝膜进行密封。

d. 安装测试导管，检查气密性检测设备，进行测试前的校准。

e. 按照规范要求对动力电池包进行气密性测试，并按要求进行保压，得出并记录气密性测试结果，如图5-32所示。

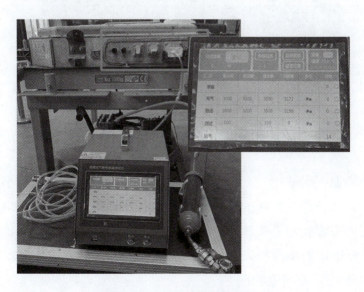

图5-32　动力电池气密性检测

> **注：**
> 如果动力电池包气密性不通过，也可使用检漏方法寻找动力电池的漏气点，进而判断电池损伤及最有可能导致动力电池进水的位置。

当车辆涉水，动力电池包在通过以上步骤检测后判断进水可能性较小时，还需要对动力电池的各项数据进行检测。可以使用新能源专用检测设备（如AIC-S）对电池包进行检测，通过读取动力电池包内部的电池管理系统（BMS）的数据，检测故障码和数据流，通过检测数据（如各电池电芯的单体电压是否一致、电池绝缘值是否正常等）来判断电池模组和电池管理系统的进水情况。其中，电池包绝缘性、单体电压、模组温度数据等信息可以作为关键的辨别因素。

5.2.3　新能源汽车充电口定损

目前常见的新能源汽车的充电口有两种，分别为快充和慢充，如图5-33所示。

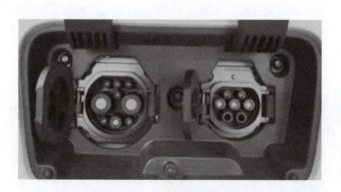

图5-33　新能源汽车充电口

在车辆追尾事故中，充电口容易受到碰撞损坏，成为保险事故中的易损件。由于新能源汽车的高压系统具有连贯性，维修更换充电口费用较高，定损中需要格外关注。

（1）充电口的碰撞损失定损

① 充电接口及线束受损

充电口内高压接口处出现碰撞断裂，必须更换充电口配件。充电口为高压接口，车辆充电过程中大电流流经充电接口，断裂部位会引起充电发热，甚至出现车辆自燃等安全隐患。充电口需要有一定的防水功能，如果断裂处损伤影响充电接口的防水功能，将对后续的使用造成隐患。

如果充电口后方的高压线束受到挤压变形或绝缘保护层发生破损、部分断裂等也需要更换处理。如果高压线束绝缘性出现问题，可能出现高压线束与车身之间发生短路漏电的情况，存在较大安全隐患。

② 充电支架损失

车辆充电口一般会有单独的固定支架，前部碰撞事故可能会造成充电固定支架损坏，定损时先查询支架和充电口是否为一体、单独的充电口支架是否可以单独更换。金属材质的支架如果变形轻微的也可进行修复处理，修复后要能够保证在充电插枪时位置正确、可以正常锁枪。

③ 检查充电故障码

有些车型发生碰撞导致充电口损伤时，会出现车辆高压系统无法启动、车辆无法正常行驶的情况。车辆高压系统为一个闭环回路，任何高压位置故障都会影响车辆高压系统启动，车辆高压系统设置有高压互锁回路检测系统，一旦出现高压短路则切断整个高压电回路。这种情况可以使用新能源专用检测设备对车辆进行全车诊断，读取车辆高压故障，读取充电系统故障码，以此来判断充电口是否损坏及电池其他高压部件是否损坏。定损时如遇到此类情况应注意采集相关的故障码信息加以分析判断。

(2) 充电口水淹事故定损

① 充电口水淹情况的检查及处理

根据水淹高度及充电口安装位置观察充电口是否涉水，如车辆充电口有涉水情况，需要告知维修人员在采取防护的情况下对充电口内的水迹进行清洁、干燥处理。如果充电口内部有泥沙等污渍，需要先进行清理，并且干燥后要使用绝缘表对充电口进行绝缘检测，绝缘值一般为直流 $100\Omega/V$ 以上、交流 $500\Omega/V$ 以上。

② 充电口锈蚀处理方式

如果充电口内部有明显锈蚀，尤其高压连接端子内发生锈蚀的，需要进行更换处理。锈蚀后会导致绝缘值下降、通过电流受限,易出现漏电或短路等安全隐患。

充电口支架出现锈蚀的,可以根据具体的锈蚀程度予以修复或者更换处理。

水淹车辆的事故可能会导致充电口短路、损坏车载充电机或者高压电池BMS,使用新能源设备检测车辆也会报出相应的故障码,定损时应根据实际情况具体案件具体分析,必要时可通过合作专业机构进行协助。

5.2.4　高压线束定损

新能源汽车与传统燃油车最明显的区别就是车辆存在高压系统。当打开机舱盖,比较显著的特点就是新能源汽车遍布着橘黄色的高压线束。所有橘黄色的线束均为高压线束,一般由高压插接件、高压端子、线束绝缘层、屏蔽层、固定支架等组成。

新能源汽车的高压线束一般可以分为快充线束、慢充线束、动力电池线束、驱动电机线束及动力电池内部辅助高压线束等几种。

(1) 高压线束的碰撞损伤定损。

对于拖底事故,最容易损伤到的高压线束为连接动力电池的高压线束,一般在底部。车辆拖底时,可能会损伤到线束的高压连接插头,或出现线束绝缘层破裂、固定爪断裂等情况,如图5-34所示。

图5-34　高压线束连接插头损坏

图5-35为碰撞后高压线束与电池连接线束损坏脱落的情况,此类情况需要进一步检查高压线束端子连接处是否出现损坏。

图5-36为动力电池包连接线束受挤压后出现绝缘层断裂,部分内高压线出现断裂,此类情况需要更换高压连接线束。

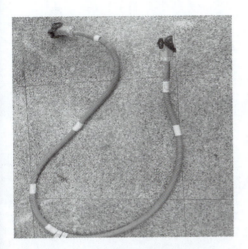
图5-35 高压线束端子检查

图5-36 连接线束绝缘层断裂

碰撞事故导致高压线束损坏的,可能会出现线束短路、绝缘值下降、通信错误等情况,可以使用新能源诊断设备进行检测,读取车辆高压系统故障码,并通过故障码协助判断损失情况。

(2) 高压线束的水淹事故定损

高压线束是否防水、水淹事故是否需要更换高压线束,是查勘定损人员经常遇到的难点。高压线束本身具有高电压、大电流的特点,进水确实会存在风险,那究竟会不会进水,则需要对高压线束进行了解和检查才能得知。

由于高压线束本身具有绝缘层、屏蔽层等,线束本身不会进水,但是需要检查线束本身是否在水淹之前出现绝缘层破损的情况。线束终端会有高压连接端子,连接插头具有一定的防水能力,但是根据车辆涉水水质和水淹时间的不同,需要拔插高压线束插头,检查插头处是否干燥或有水迹,如有明显水迹但未腐蚀,可及时清洗、干燥做防锈处理。然后使用绝缘表对线束进行绝缘测试,绝缘值一般在直流100Ω/V以上,交流500Ω/V以上为正常。如果高压线束插孔有明显锈蚀痕迹,则建议更换高压线束。高压线束固定支架锈蚀的，可以根据实际情况进行维修或更换。

水淹事故导致高压线束损坏同样会造成车辆高压系统报故障码，需要使用新能源专用检测设备进行检测，根据故障码判断车辆高压线束损坏状态。

5.2.5 其他高压模块定损

新能源汽车除了动力电池、线束、充电口之外，还有相应的高压控制模块以及驱动电机等高压部件。例如电机控制器（MCU）、车载充电机、DC-DC转换器、高压分配单元、驱动电机、高压空调泵、PTC加热器。

上述部分高压部件在有些车型上采用三合一或者多合一的形式集成，大大增加了配件维修和更换的难度与成本，在车辆的定损中也容易出现争议或者损失不明确的情况，吉利枫叶三合一控制器如图5-37所示。

图5-37 集成DC-DC、高压控制盒、电机控制器三合一

（1）高压部件碰撞事故的定损

高压部件大部分安装位置在车辆发动机机舱内部，一部分车辆的高压控制模块在车辆后尾部，控制模块一般由外壳、线束高低压插接件和内部电脑板以及水冷系统等组成，具备一定防水能力，如图5-38所示，在控制盒上盖处有一圈密封圈，高压插头内部也设有密封水堵。

图5-38 控制模块防水能力

① 外壳损失：由于高压控制器需要很好的散热效果，采用的外壳材质多为铝合金材质，安装位置（如电机控制器等）一般在发动机舱正中位置。发生前部碰撞事故时容易造成外壳损伤，如固定爪断裂、壳体变形、破裂等。使用新能源专业检测设备检测后若无故障码，可以判断为仅为外壳损伤，这种损伤外壳可以单独更换，损失不严重的可以进行焊接修复。

> **注：**
> 部分模块（如车载充电机等）有内部灌胶封装的，焊接可能导致内部元件损坏，具体案件需要具体分析。

② 高压插头损失：部分模块高压插头位置比较靠外，轻微碰撞有可能导致高压插头损坏，这类事故损坏高低压插头的大部分可以单独进行更换，如果插头外壳有轻微裂痕，也可进行塑焊修复处理。

③ 诊断检查故障码：对于碰撞事故所造成的高压部件损伤，如果造成内部电路板损坏，则使用新能源专用设备诊断时会出现故障码，车辆也会出现无法行驶、充电功能失效、无法通电、仪表盘报故障灯的情况，需要及时地记录和分析相关的故障数据。如图5-39、图5-40所示，车辆碰撞后电机控制模块内部电脑损坏，使用设备检测，可以记录到模

块报故障码,且车辆无法行驶。

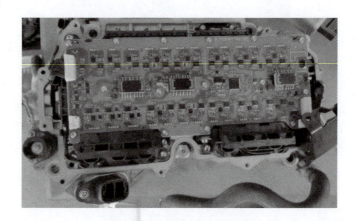

图5-39 车辆电机控制器

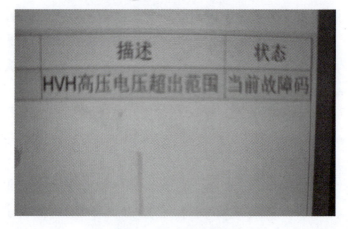

图5-40 碰撞后报码

(2) 高压部件水淹事故定损

大多数高压控制部件都具有一定的防水功能,根据水淹实际情况的不同(水质、水淹高度、水淹时长等因素),需要对高压控制模块进行检查,若高压插接件、通气孔等存在水迹,则需要进一步检查。

① 高压模块密封状态的检查

需检查高压插接件是否有水迹、是否干燥、有无拆卸痕迹、固定螺栓是否全、是否有松动等迹象。使用绝缘表对高压控制模块进行绝缘检测,绝缘值一般为直流100Ω/V以上、交流500Ω/V以上。

② 高压控制模块开盖检测

条件允许时，可以对高压控制模块进行开盖检查，更能直观地观察到有无少量的水迹进入高压控制模块内部。如果内部无进水痕迹，建议对插接件进行检查并清洁处理。如果高压控制模块内部有少量的水迹，电路板无锈蚀痕迹，建议对模块进行清洗、干燥后做绝缘测试，绝缘通过后可对高低压插头、上下壳更换新的密封圈，做好防水处理。如果高压控制模块内部进水明显，电路板有明显锈蚀痕迹，安全起见，建议更换高压控制模块总成。

控制模块受水淹等事故的影响，可能造成车辆绝缘故障、车辆无法行驶、高压控制模块无通信等情况，车辆仪表会提示相应的故障灯。可以利用新能源专用检测设备对车辆进行检测、分辨。

第6章 新能源汽车事故案例解析

6.1 大捷龙事故案例

这是一起典型的新能源汽车轻微事故导致动力电池损失的案例，通过此案例，理赔人员可以了解新能源汽车在事故中的损失特点，可以为新能源事故车的定损工作提供参考。

某日，保险公司接到客户报案，其承保的2018款混动版大捷龙越野车，在城市道路交通路口发生双车碰撞事故，导致大捷龙越野车前部损失，大灯受损，前杠破损，如图6-1和图6-2所示。

图6-1 2018款混动版大捷龙碰撞受损

图6-2 大捷龙碰撞事故导致前端受损

接收到查勘任务后,理赔人员按照新能源查勘要求进行查勘准备,准备新能源查勘工具:①高压警示牌、围挡;②绝缘防护装备;③动力蓄电池检测设备,包括万用表和绝缘表,绝缘表可以检测车辆高压部分是否存在绝缘不好、漏电的可能。

车辆经过现场查勘,将车子拖至维修站检查,初步确认碰撞外观损失后,维修站对车辆进行设备检查,检查结果为车辆动力电池损坏,需要更换。

该车型为插电式混合动力,动力电池安装于车辆底部,没有任何碰撞痕迹,电池故障不符合碰撞关联性。但是事故车辆确实存在无法通电正常行驶的情况。定损员按照检测程序,对车辆高压部分动力电池进行外观检查,将车辆移至举升平台,将车辆升起,观察车辆底部的动力电池。通过目测检查,没有发现动力电池存在磕碰外伤,电池外观良好,也没有发现电池外部有明显水泡迹象。维修站给出的意见是,维修站没有电池修复能力,只能更换总成配件,报价20万余元。

轻微的刮擦事故是否会造成动力电池损伤,导致车辆无法通电,需要对故障码进行分析判断。首先,定损人员向维修站索取了该车故障信息,如图6-3所示。其中,P0AA1-00与P0AA4-00故障代表动力电池故障,维修站表示据此需要更换电池总成。

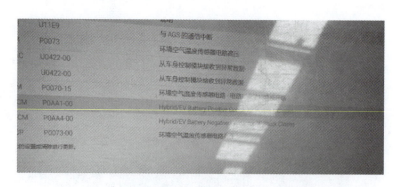

图6-3 车辆故障信息

为了进一步确认动力电池是否需要更换，查勘定损人员对车辆进行高压警示牌、围挡放置，然后询问车辆事故情况及当前维修状况。初步了解车辆可以连接12V低压蓄电瓶，于是将车辆连接低压12V，打开点火钥匙，首先观察仪表灯故障情况，仪表提示车辆动力蓄电池故障，发动机故障灯点亮，车辆无法启动。仪表故障如图6-4所示。

图6-4 仪表故障

对车辆动力电池进行专项检查，外观无损伤，无进水痕迹，使用新能源诊断设备对车辆进行诊断，故障依旧。可判断为动力蓄电池内部故障，此类故障非人为原因造成，需要拆检动力电池检查。对车辆的绝缘性和高压输出进行检查，使用万用表在车辆打开点火开关的情况下，佩戴好绝缘手套进行车辆绝缘测试，绝缘测试正常；然后对动力电池输出电压进行检查，动力电池有电压输出，如图6-5所示。

图6-5 用万用表测量

检查车辆动力电池高压维修开关，维修开关正常，无短路情况。如图6-6所示，此车高压维修开关位置在后排中间座椅中部位置。

图6-6 动力电池高压维修开关

车辆在碰撞瞬间高压维修开关为保护车辆及电池安全，会瞬间熔爆。通过测量，维修开关未熔爆，则需要拆检动力电池进行检查。

事故造成电池损伤，内部可能会出现断路、短路、漏液等情况，存在一定的安全风险，且电池剩余电量越高，潜在风险越大。因此，要求维修站将动力电池从车辆上拆下，做好车电分离，然后再进行检查。

动力电池拆下后，检查电池外观情况，检查有无受力点，有无变形，有无烧蚀等痕迹。通过检查，发现动力电池高压输出插头处有烧蚀迹象，如图6-7所示。

图6-7　插头有烧蚀迹象

说明车辆在事故过程中高压系统出现大电流现象，造成短路烧蚀，初步判断为电池内部损坏。对电池进行拆检，拆检电池上盖，如图6-8所示。

图6-8　拆检电池上盖

测量电池单体电压及总电压，电压正常，无较大压差；检查电池箱体内部，无破损，无进水痕迹，电池箱体内部无明显焦糊气味。检查电池系统，电池管理系统通信正常，如图6-9所示，可以读取到车辆电池系统数据流信息。

图6-9 读取电池系统数据流信息

数据流可显示电池基本数据信息、电池剩余电量等。由于电池包持续输出高压,且电池系统数据及通信正常,判定高压继电器盒故障,检查高压继电器盒(BDU),如图6-10所示。

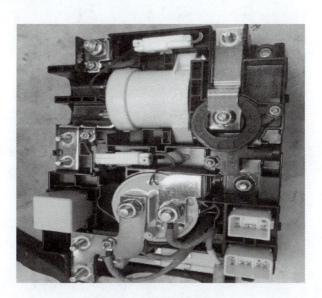

图6-10 BDU检查

经检查确认,BDU高压继电器盒内部主正、主负继电器短路损坏,因为瞬间电流过大。更换电池内部BDU控制盒,装车测试,车辆可以通电,纯电及混动模式切换正常,使用专检对车辆进行检测,故障消除,如图6-11、图6-12所示。

图6-11　使用专检对车辆检测

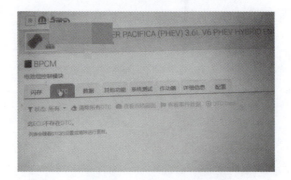

图6-12　故障消除界面

如图6-13和图6-14所示,进行动力电池装配、装车。

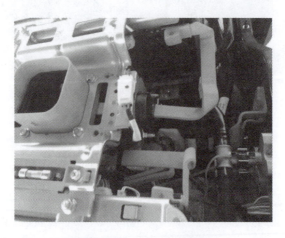

图6-13　动力电池装配

图6-14 动力电池装车

该车电池包的安装位置在车辆底部,防水要求较高,大部分混动车型动力电池的安装位置在车辆后座下方或者后备箱下部,在车辆内部安装的动力电池防水等级较低。在对动力电池进行拆检之后,尤其是拆卸电池上箱体后,要求安装后重新对动力电池进行气密性检测。使用到的设备为新能源电池包气密性检测仪,如图6-15所示。

图6-15 气密性检测仪

气密检测方法:
① 拔下电池包高压连接及低压通信插头;
② 使用专用工具将电池包防爆阀锁死密封;
③ 检查气密测试工装是否良好,是否漏气;
④ 安装测试导管,高低压插头及通信插头(密封堵头及导管);

⑤ 按照测试要求进行测试，根据电池包参数充入相应的压力，一般为3~5kPa，水冷板测试300kPa，并保压60s，压力降低速度不大于0.05kPa/min。

修复后对动力电池检查：

① 检测动力电池绝缘性能，绝缘值＞550MΩ，绝缘值良好。

② 动力电池包电量检测，检查车辆仪表显示电量剩余49%，通过专检诊断，电池系统显示电量剩余49%，电量显示正常，最高及最低电池单体电压无压差。

③ 检测总输入电压，存在压差，维修完成。

做好气密检测后，装车试车，车辆正常，测试车辆充电系统，可以正常充电使用，无相关充电故障。

该车在出现事故之后，高压系统输出瞬间电流过大，导致动力蓄电池内部高压控制总成（BDU）损坏，通过此次维修证明电池包可以维修，不需要更换总成。对于新能源汽车，轻微的刮擦事故或者碰撞事故都有一定的概率导致车辆高压系统（或动力蓄电池）损坏，这是与燃油车不同的地方，需要查勘定损人员对新能源汽车有一定的了解，才能对新能源汽车的损失做到比较明确的判断，实现有效的减损。

6.2 长城/Wey混动车辆进水事故案例

对新能源汽车的损失判断中，高压系统及动力电池系统在涉水后的绝缘性能是一项重要的判断依据。本案例详细展示新能源汽车涉水特点。

因城市内涝，车辆涉水行驶时，驾驶室进水，该车辆出现故障，无法继续行驶，车主报案，车辆拖至4S店维修，如图6-16所示，由4S店工作人员进行检测。

车辆经4S店初步检测，驾驶舱进水，发动机舱进水，动力电池及高压控制器都有过水痕迹，且无法确定动力电池情况。使用专检检测，存在动力电池高压故障，需要更换动力电池总成，且发动机系统也需要拆检检测。

图6-16　长城车发生进水事故

4S店维修事故人员将检测及维修方案告知该承保机构定损员,定损人员第一时间奔赴4S店对车辆进行初步定损检查。

到达4S店前,定损人员向车主了解车辆的进水情况、进水高度、涉水时长。由于是新能源汽车,存在高压系统,又属于涉水事故,操作不当可能会有漏电的风险,定损员邀请新能源专业技术人员一同到4S店对车辆的损失进行进一步的判断。

定损人员与专业技术人员到达4S店之后,首先对车辆的信息进行核实,如车辆的车牌号、车架号及报案信息等,确定事故的真实性,然后对车辆损失进行检查,如图6-17所示。

图6-17　对车辆进行检测

4S店使用专检对车辆进行了检测，提出要更换动力电池及维修发动机的方案，定损员对车辆进行了详细检测。

首先确认车辆水淹高度，水淹时长；经过对车辆的检查知，该车水淹高度在2级左右，驾驶室有轻微进水的痕迹，主驾驶位置地毯有水迹，后备箱位置有少许进水的痕迹。

检查发动机舱，重点检查了车辆发动机舱空气滤清器、发动机舱保险盒。空滤下部有浸湿痕迹，空滤管道没有明显水迹，发动机舱保险盒内部无进水痕迹，其他电器元件无明显进水及锈蚀迹象。

使用内窥镜检查发动机气缸内部，未发现气缸内部存在积水及进水的迹象。使用发动机免拆连杆测量仪检测发动机连杆，数据均在正常范围，无变形。

检查高压控制模块及连接插头，检查DC-DC高压模块、电机控制模块、车载充电系统及高压连接插头处，无明显进水痕迹，插头无明显破损、进水、锈蚀等情况。

检查动力蓄电池。动力电池的安装位置在车辆后备箱内，通过检查，电池表面存在有水珠，内部非完全被浸泡的状态，初步判断水珠为潮气导致。佩戴好绝缘防护工具后使用干燥擦拭布对动力电池表面进行处理，擦干电池表面的水汽。检查高压线束连接端子并做干燥处理，然后使用绝缘表进行检测动力电池的绝缘性检测。动力电池一旦在涉水后存在进水的，电池绝缘性能会下降，如果绝缘值过低，车辆电池系统会报绝缘故障，且不允许车辆通电启动和行驶。清理之后通过检测，绝缘值恢复正常。

检查12V低压蓄电池，使用万用表测量12V低压蓄电池电压是否充足，有无馈电的情况。经过检测，12V蓄电池电压略低。

通过上述步骤的检查和处理，车辆的损失基本判断为驾驶室内有轻微进水痕迹，且高压部分未完全进水，经过处理之后使用新能源专用检测设备AIC-S对车辆进行低压及高压部分的检测，通过诊断得出故障检测报告，如图6-18所示。

通过检测知，主要故障是与BMS失去通信、与整车控制器VCU失去通信、与BCM失去通信等故障，仪表同时点亮故障灯。经检查，车辆保险盒存在熔断器熔断，更换完熔断丝后，重新对车辆进行AIC数据诊断，如图6-19所示。

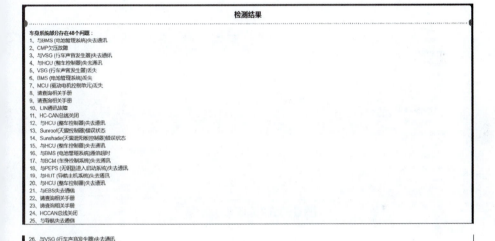

图6-18　车辆检测报告

经过全车数据扫描诊断，所有系统故障代码均可消除，消除后所有系统正常，动力电池系统、高压控制系统及整车控制系统VCU可以恢复正常通信，并且无故障提示，结合对车辆发动机的检查和检测，可以进行通电测试。经测试，高压系统正常启动，仪表盘不再提示高压及其他系统故障。

专业检测报告

ACC (自适应巡航控制系统)	正常
ESP (电子稳定程序)	正常
APA (自动泊车辅助系统)	正常
AC (空调控制系统)	正常
HUT (导航主机系统)	正常
GW (独立网关)	正常
TCU (变速箱系统)	正常
BSG (启动电机控制单元)	正常
BCM (车身控制系统)	正常
MCU (驱动电机控制单元)	正常
OBC (充电控制器)	正常
ALCM (氛围灯控制模块)	正常
PAS (泊车服务系统)	正常
HCU (整车控制器)	正常
IP (仪表系统)	正常
ACU (电桥换挡控制器)	正常
ECM (发动机系统)	正常
SAS (转角传感器)	正常
TPMS (胎压监测系统)	正常
ALS (大灯调平系统)	正常
PDCM (副驾驶侧门模块)	正常
T-BOX (车联网主机系统)	正常
SRS (安全气囊系统)	正常
DDCM (主驾驶侧门模块)	正常
AVM (全景环视影像控制模块)	正常
EPS (电动助力转向系统)	正常
PEPS (无钥匙进入启动系统)	正常

图6-19　AIC数据诊断

再次使用新能源检测设备AIC-S进行检测，读取车辆动力电池数据流，数据流显示正常，并且测试车辆可正常行驶。通过沟通，4S店维修技师使用4S店专检设备再次对车辆进行读码、数据流查看，均未报出故障码，且数据流正常。再次检测过程如图6-20所示。最终，此车定损只是清洗费用，剔除了发动机损失和高压电池损失。

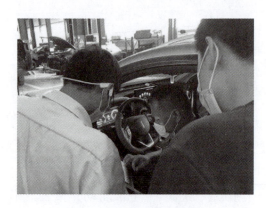

图6-20　车辆再次检测

这是典型的新能源汽车涉水事故的案例，对损失的判定尤为重要，要求定损人员对新能源涉水形式的事故有充分的了解，明确检查检测方法，了解事故状态，核实车辆信息，保证案件和车辆本身的真实、有效，查验车辆的 VIN 码、驾驶证、行驶证，要对事故车辆、驾驶人及事故发生过程予以确认和了解。

在查勘现场或当新能源汽车到达维修机构时，要做好查勘工作，设置现场查勘警示标志（高压警示标志、围挡），并提示其他人员不可靠近车辆。要穿戴好绝缘鞋及绝缘手套对车辆的漏电情况进行检查，可使用绝缘表进行车辆的绝缘检测。按照规范拍摄现场的损失情况、事故车辆、水淹高度、损伤痕迹、仪表照片等，重要的步骤照片要清晰、有局部的特写。如果车辆进水严重，驾驶舱进水的，要及时协助车主联系救援车辆、对新能源汽车进行专业的拖车施救，保证人身与车辆的安全。在施救时，拖车不能使用直接拖拽的方式，会损坏新能源汽车的驱动电机及电机控制器等高压部件。要对车辆的水淹高度、水淹时长及车辆高压系统的损失进行初步的判定及检查，条件允许时可使用新能源检测设备等进行诊断，确认车辆高压损失情况。检测完成后要及时将车辆的 12V 低压蓄电池进行断开，动力电池的高压维修开关及时断开，保证车辆安全。

由于车辆的高压动力电池在进水后具有一定的热失控的风险性，在对动力电池进行检查之后，如果动力电池进水明显，绝缘无法或暂时无法恢复正常，则需要对事故车辆进行单独放置，并且拆卸动力电池，做好车、电分离的工作，防止意外风险的发生。

> **说明：**
> 新能源汽车定损具备一定的新能源汽车检测维修的专业性，对于检查流程要有明确的步骤，必要的情况下可请专业的新能源技术维修团队协助。

6.3 "虚构"拖底事故案例

在新能源事故中,电池的损失往往都会涉及较大的定损金额。本案例为通过详细分析电池充电数据判断事故关联性的一类常见风险案件。

该车车型为比亚迪秦出租车,2月27日在泥泞道路行驶时不慎拖底,造成电池底壳受损,仪表报故障,电池电量低,如图6-21所示。

图6-21 出险现场照片

车辆出险后拖至售后维修中心,2月27日车辆在拆检定损时,维修站对车辆检测,检测结果为车辆动力电池受损(图6-22),事故导致电池无法正常充电,需要更换动力电池总成。

查勘定损人员对动力电池受损位置及故障进行查看确认,发现车辆动力电池底部存在受损痕迹,在电池底部位置有裂痕,且裂痕为老旧痕迹,结合现场受损情况及电池故障现象,对本案电池损失提出异议,于是定损人员使用新能源诊断设备进行数据故障采集,并在线咨询技术人员进行故障码解读。

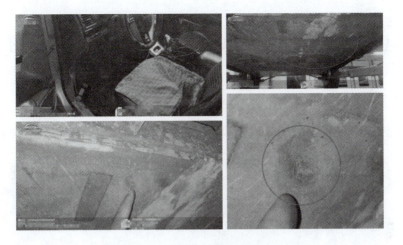

图 6-22　动力电池受损情况

故障码显示车辆无法正常充电，出现充电成功后马上异常断开，如图 6-23 所示。而电池刮擦损失基本不会造成此类故障，不符合碰撞逻辑。根据经验判断，造成无法正常充电故障的原因是，电池在长期使用过程中出现磕碰等意外事故，没有得到及时维修，渗漏点有水或杂质进入电池内部，造成电池损伤，当电池充电时检测到电池故障，从而无法完成充电过程、进行跳电保护。

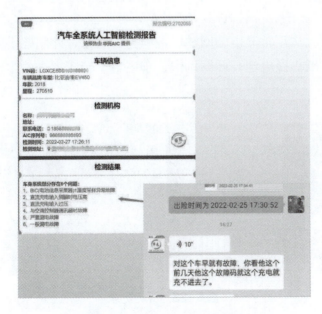

图 6-23　动力电池检测报告

通过对车辆诊断报告进一步分析知，电池存在采集器温度故障和动力电池漏电故障，且故障多显示为偶发性故障。根据故障诊断数据可推断为老旧故障。技术老师建议核实车辆近段时间的充电记录，如图6-24所示，通过车辆充电记录分析车辆是否有异常。

图6-24　车辆充电记录

通过充电数据分析知，如图6-25所示，此车在2月12之后电池充电度数随之减少，电池无法充满，电池充电后期只能充几度电，与营业性出租车充电情况严重不符。定损人员与车主沟通，车主最终承认电池近期出现无法正常充电的问题，咨询售后厂家，此问题不属于质保范围，需要自费更换电池。此案例中，车主为了转嫁损失，虚构了一起拖底案件。

图6-25　充电记录

此类案件多因客户对新能源汽车性能认识不足，车辆电池受损后未能及时发现，最终损失扩大。

6.4 五菱mini电池修复案例

五菱mini新能源动力电池的安装位置在车辆底部，由于车辆结构小巧轻便，车身离地间隙较小，遇到坑洼路段，极易导致车辆动力电池底部拖底损坏。本案例重点说明非CTP组装结构的动力电池在电池底壳受损后可以单独更换处理。

某日，保险公司接客户报案，承保五菱mini轿车行驶中拖底，造成动力电池底部多处损伤，目前车辆已经拖至服务站检测，如图6-26、图6-27所示。服务站称电池外壳损坏，给出更换电池包总成的维修方案。

图6-26 车辆照片

图6-27 受损位置照片

保险公司定损人员与专业维修检测人员一同对受损电池进行现场检测。车辆电池受损位置为电池底壳两处损伤，进行气密性测试，确认气密性测试不通过。于是将电池与车辆分离进行拆检检测，如图6-28所示。拆包检测后，确认电池包内部电池模组及相关配件未损坏。由第三方维修机构更换下箱体，并做数据诊断及气密性测试，各项数据正常。装车测试，车辆高压系统正常，车辆使用正常。

图6-28 修复照片

6.5 吉利几何新能源高压故障定损案例

某日，保险公司接到客户报案，一台吉利几何A新能源汽车在行驶过程中撞树，导致车辆右前部位受损，保险公司查勘人员对现场进行了查勘，如图6-29、图6-30所示。

图6-29 事故现场（一）

图6-30 事故现场(二)

将车辆拖到4S店进行定损维修。车辆维修完毕测试时,出现高压系统无法启动的问题,4S店工作人员告知保险公司定损员,该车的高压控制器由于碰撞原因损坏,导致车辆高压系统无法启动,车辆无法正常行驶,因此必须追加更换高压控制器。

是否追加配件,首先应判断碰撞位置与损坏配件之间的碰撞关联性。通过现场照片(图6-31)看到车辆碰撞受损位置为右前部,主要集中在右侧大灯及右侧翼子板。该车高压控制器位于发动机舱正前部,如图6-32所示,从定损照片可以看到,高压控制器未受到直接撞击,未出现可见碰撞变形、开裂等损伤。

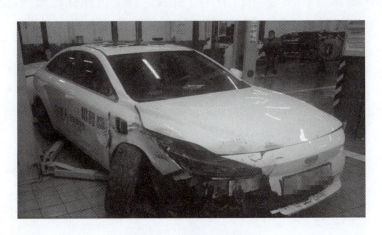

图6-31 前部右前损失

图6-32　车辆高压控制器

该车型的充电口位于右前翼子板位置,从车辆受损位置看,充电口处有受损痕迹。4S店技术人员解释说,由于充电口位置受到撞击,高压线路可能发生短路,从而导致高压控制器内部电子元件受损,车辆高压系统无法正常启动。

面对这样的解释,定损人员一定要有自己的判断。高压系统无法启动故障确实存在,但未必是高压控制模块损失导致的,其他系统、模组的损坏,甚至线束接头的松动都有可能导致高压系统无法启动。

因此,对新能源车辆电路系统的故障检测,应该遵循由外及内、由低到高、由简到繁的顺序,逐项检查,判断故障原因。

首先,定损人员对车辆的已维修情况及车辆状态进行了检查,检查车辆低压系统是否正常,如图6-33所示,检查低压保险盒内部保险插件是否存在松动、虚接、脱落等情况,如图6-34所示。

图6-33　检查低压系统

图6-34 检查低压保险盒

其次,检测记录车辆仪表盘显示故障信息,如图6-35所示,该车动力电池故障灯报警,车辆高压系统无法启动。

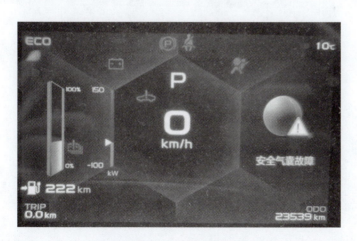

图6-35 检查仪表故障灯

为了进一步了解车辆故障信息,需要连接新能源诊断设备进行全车高低压数据诊断,读取车辆故障码,如图6-36所示。

图6-36 设备诊断

使用新能源诊断设备AIC-S,通过OBD接口获取车辆及电池数据,读取车辆诊断报告,如图6-37所示。

图6-37 车辆故障诊断报告

通过读取AIC-S车辆故障诊断报告可知,车辆动力电池系统基本数据正常,电池单体电压最高3.66V,最低单体电压3.65V,压差仅为10mV,动力电池总电压为372.3V,总电压正常,无高压互锁故障,电池绝缘值正常,如图6-38所示。

继续查询检测报告,发现与高压系统无法启动相关的故障代码主要有两个(图6-39):P153F12,硬线碰撞事件;P153E08,CAN碰撞事件。

图6-38　电池相关数据　　　　图6-39　诊断数据故障

部分新能源汽车在遭受意外撞击时，为保证人身及车辆安全，安全系统启动时，会同步断开车辆高压系统。如果车辆安全系统故障持续存在，则车辆高压系统就无法正常启动。

通过检查车辆安全系统发现，碰撞导致车辆主副安全带引爆，气囊电脑存在故障，试车时气囊电脑并未更换。定损人员要求4S店先行更换气囊电脑，利用排除法对高压系统无法启动故障原因进行判断，如图6-40所示。

图6-40　更换气囊电脑

4S店维修人员更换气囊电脑后，启动车辆，发现高压系统仍然无法启动，故障依旧，4S店维修人员坚持是高压控制器损坏。保险公司定损人员再次使用新能源检测设备对车辆故障码进行读取，发现动力电池内仍存在硬线碰撞信号故障。气囊电脑已经换新，问题只可能出在气囊安全系统的线束上。通过细心排查，发现副驾驶座椅安全带插头连接器未插紧，如图6-41所示。

图6-41　副驾驶安全系统插接件

重新插紧连接插头后，使用AIC-S进行故障码刷新操作，高压系统无法启动故障消除，车身各系统正常，如图6-42所示。

图6-42　各模块信号正常

对车辆进行充电测试，如图6-43所示，充电系统正常，高压系统正常启动，故障原因并非高压控制模块损坏。

图6-43　测试充电

第 7 章

新能源汽车保险欺诈与识别

7.1 汽车保险欺诈相关概念

自汽车代替马车成为主要交通工具后,交通意外事故就极易给人们带来巨大的经济损失和人员伤亡,人们在享受汽车出行带来的便利的同时,也要承担汽车出行导致的意外风险。为了应对这种风险,机动车保险孕育而生。新能源汽车保险作为机动车保险一员,面临与传统机动车保险一样的欺诈问题,我们在研究新能源汽车欺诈问题时,不做单独区分。机动车保险欺诈是基于机动车保险合同之下的一种保险欺诈形式。车险反欺诈包括车险欺诈预防、车险欺诈识别和车险欺诈处理三个方面的内容。车险欺诈预防涉及保险产品设计、社会舆论、司法环境等多方面因素。保险理赔人员面对的是已经发生的车险欺诈行为,因此我们重点关注欺诈的识别和处理两个方面内容。

车险欺诈具有很强的隐蔽性,隐藏在众多正常理赔案件之中,只有通过专业技术或者审核的经验,才能发现隐藏的欺诈特征。因此,有效识别欺诈特征,是反欺诈工作的第一个环节。由于车险欺诈是欺诈者主观故意采取的欺骗手段,以骗取保险金为根本目的。因此,仅仅识别出欺诈特征,并不能阻止欺诈行为。反欺诈第二个环节是欺诈案件的调查处理,包括事故真实性调查还原、欺诈证据收集和固定,与欺诈者谈判等内容，最终目的是终止欺诈行为的发展，保险公司避免因欺诈而错误支付赔款。

7.1.1 保险欺诈的定义

在法律法规和专业文献中，对于保险欺诈有着不同的定义，目前并没有形成一个权威的、统一的定义。本节选取反欺诈相关法律法规和国际通行的几个不同欺诈定义进行研究，了解保险欺诈的相关概念，为后续的实证研究做理论上的准备。

《中华人民共和国保险法》(简称《保险法》)对保险欺诈的定义，限定了保险欺诈的主体是投保人、被保险人、受益人，欺诈的动机是骗取保险金，采取的欺诈手段是虚构保险标的、编造保险事故、编造导致事故的原因、夸大事故造成的损失程度，造成的后果是保险公司陷于错误认识并支付保险金。

根据《中华人民共和国刑法》(简称《刑法》)第一百九十八条保险诈骗罪的定义，同样以投保人、被保险人、受益人作为保险诈骗的特定主体，对保险诈骗的行为，采取列明的方式：虚构保险标的、编造虚假的原因或者夸大损失的程度、编造未曾发生的保险事故、故意造成财产损失的保险事故以及投保人、受益人故意造成被保险人死亡、伤残或者疾病，骗取保险金的行为。

以上两个是我国目前对保险欺诈比较权威的定义，但是与国外保险欺诈定义比较，保险欺诈的主体有所不同。我国保险欺诈定义中只是强调了投保人、被保险人或受益人对保险人的欺诈，而美国保险监管协会编写的《保险反欺诈示范法》中保险欺诈定义中的欺诈主体描述是"包括但不限于任何人"。美国的保险反欺诈联盟在对保险欺诈定义时，同样将实施欺诈行为的主体定义为"任何人"。根据目前车险欺诈现状，实施欺诈行为并且获得非法利益的，除了投保人、被保险人、受益人之外，还有很多参与保险事故处理的利益关联方，常见的有负责事故车维修的汽修厂、协助三者人伤事故索赔的律师等。这些第三方在参与保险交易和理赔过程中，往往也会采取欺诈行为，谋取不当利益，因此也是保险反欺诈工作中的打击对象。本节研究的车险欺诈定义，是包括第三方欺诈主体在内的广义保险欺诈概念。

对于保险欺诈行为,《保险法》中的定义是保险欺诈,而《刑法》中的定义是保险诈骗。保险欺诈和保险诈骗都是对骗保行为的定义和描述,但是对骗保行为的界定有着很大不同。"欺诈"是指使人发生错误认识为目的的故意行为。保险欺诈可以理解为骗保者为了让保险公司陷入错误的认识而采取各种欺诈的手段,但是没有强调保险公司最终是否因为欺诈而错误地支付赔款。而保险诈骗不仅是骗保者采取欺诈手段让保险公司陷入错误的认识,还必须存在保险公司因为陷入错误认识而支付赔款的结果。所以,保险诈骗的范围要小于保险欺诈。在现实情况下,并不是每一次实施的保险欺诈行为都能最终得逞,保险公司也会采取各种反欺诈措施,识别并制止保险欺诈最终的实现。本节研究的保险欺诈是指欺诈者具有欺诈意图且有欺诈行为的欺诈,包括已经得逞和未能得逞的保险欺诈行为。

7.1.2 汽车保险欺诈来源

信息不对称理论是指在市场经济活动中,各类人员对有关信息的了解是有差异的。掌握信息比较充分的人员,处于比较有利的地位,而信息贫乏的人员,则处于比较不利的地位。该理论认为:市场中卖方比买方更了解有关商品的各种信息,掌握更多信息的一方可以通过向信息贫乏的一方传递可靠信息而在市场中获益;买卖双方中拥有信息较少的一方会努力从另一方获取信息。信息不对称理论成为研究市场经济的一个新视角。

保险市场是一个典型的信息不对称市场。保险合同的签订基于最大诚信原则,但是由于客观条件的限制,保险交易双方在签订保险前或者在被保险人出险、保险人履行保险责任时,仍然存在着严重的信息不对称。

作为车险投保方来说,由于其是被保险机动车的实际所有者和使用者,因此对于车辆状况、车辆使用性质、使用范围、车辆存在的问题及可能面临的风险非常熟悉。因此在投保时,可以根据自己对未来车辆的风险预判,选择对应的险种。而作为保险公司来说,承保时仅仅能够从车辆的行驶证复印件及少量验车照片获取车辆的信息,对于车辆的真实情况和风险无法准确掌握,甚至对客户真实的投保动机都无法了解。只能被动地依靠最大诚信原则和大数法法则给予承保，盲目地认为客户将车辆的风险如实告知了。所以在投保和承保环节，投保人或者被保险人就有可能隐瞒对自己不利的信息，致使保险公司不能充分了解承保标的的风险情况，只能依照最大诚信原则假设投保人没有刻意隐瞒、按照比较低的费率进行承保。

在车辆出险之后，保险合同进入履行赔付义务的阶段。但是由于车辆出险的时间、地点、环境、原因、损失情况千差万别，车主或使用者是第一时间掌握车辆出险相关信息的。等车主或者使用者主动给保险公司打电话报案之后，保险公司才能通过报案人的描述和提供的相关证明，掌握部分车辆出险的信息，因此保险公司对于车辆出险之后的真实信息掌握处于不利的地位。正是由于投保人、被保险人和保险人之间存在天然的信息不对称，才造成保险市场上的逆向选择和道德风险问题相对其他商品市场更加严重，保险欺诈成为保险市场无法避免的问题。

现实当中，某共享交通平台的车辆最能说明这个问题。近几年很多私家车主通过线上平台获客，利用自己的私家车从事客运业务，获取收入。而从事营业性运输业务的车辆，无论是行驶时间还是行驶里程都远远大于私家车正常行驶的时间和里程，因此面临的风险也远高于私家车。但是在给车辆投保时，车主为了节约保费，隐瞒车辆的使用用途，仍然按照家用车条款投保。根据保险业最大诚信原则，投保人或被保险人给车辆投保时，如果已经知道车辆将会利用互联网共享交通平台从事营运活动，就需要主动履行如实告知义务，以便保险公司决定是按照家用车承保还是按照营业用车承保。由于信息不对称的存在，保险公司无法获取足够的车辆使用信息，往往会顺利通过核保，按照私家车较低的费率承保。当车辆出险后，投保人为了躲避保险公司的调查而获得赔偿，就采取隐瞒或者虚构出险时间、出险地点、出险原因等关键信息，甚至故意制造另外一起事故掩盖本次事故，从而使保险公司陷入错误的认识，错误地支付保险金。

从经济学的角度看，保险的本质是一种标的物风险管理的财务安排，是一种针对未来可能发生的风险事件可能造成的损失，给予经济补偿的一种财务制度。保险合同中约定的保险期限以内发生了投保人或被保险人的主观意料之外且在保险范围之内的事故，事故是造成承保标的损失的直接原因。与之相对的，如果人为虚构保险事故、制造保险事故、隐瞒事故发生的原因，或者扩大损失程度，这种行为被称为道德风险。由于信息不对称的客观存在，在保险交易过程中，有的投保人或者被保险人选择诚信，有的投保人或者被保险人会选择不诚信，实施保险欺诈，牟取私利。如果保险公司无法准确识别并阻止每一起欺诈行为，势必会造成赔付成本提升。基于保险的损失分摊原则，保险公司把因为欺诈导致的赔付成本，通过提高保费的方式，分摊到每一位投保人身上，这对于选择诚信的投保人来说是不公平的。随着分摊成本的不断提高，超过选择诚信投保人的忍耐限度，这些投保人要么选择离开，要么同样选择欺诈。随着诚信投保人的离开或者选择欺诈，保险公司面临的欺诈成本会越来越高，只能不断提高保费。如此循环的最终结果就是诚信的投保人不参与保险交易，参与保险交易的投保人都是不诚信的。这就是所谓的保险市场上的"逆向选择"现象。因此，保险欺诈问题如果不能得到有效的控制，任其发展下去，将危害到整个保险行业。

7.2 车险反欺诈发展历程

我国车险行业经历了近40年的发展，车险反欺诈随着社会的发展、经济的进步经历了多次变化，总体概括起来，大致经历了以下三个时期。

7.2.1 冰封期

大致时间范围是20世纪80年代至90年代。以首辆国产桑塔纳轿车在上海制造成功为标志，中国轿车工业正式起步。作为轿车工业的伴生产业，机动车保险业也发展起来。这一时期经营车险产品的保险公司较少，从业人员没有进行专业化分工，车险销售和理赔都由一个部门负责，保险公司基层员工出单、理赔一手抓。在处理理赔业务时，定损金额由保险业务人员和汽修厂协商确定。由于车险宣传不到位，很多车险客户不知道如何使用车险产品，保险索赔意识淡薄，出了交通事故不找保险公司索赔的也不在少数，利用车险进行保险欺诈的行为更是鲜见。这一时期，由于车险欺诈的发生概率很低，保险公司没有专门车险反欺诈举措，理赔人员普遍也不具备反欺诈意识。

7.2.2 萌芽期

时间范围是从20世纪90年代末到2010年初，这一时期中国汽车工业发展迅速，汽车产量得到大幅提升，轿车的价格也逐步下降到普通消费者可以接受的水平，轿车由生产工具向家庭消费品转变。随着家用轿车的普及，道路交通事故的增多，机动车保险也逐渐被广大消费者所熟知，车辆出险要找保险公司成为普遍的认知。经营车险业务的保险公司，为了应对日益增多的车险报案，也相继组建了专业理赔服务部门，由专业的理赔人员处理日常理赔工作。随着与保险公司业务往来的日益频繁，汽修行业的人员逐渐发现，在保险事故车辆定损维修过程中，存在赚取额外利益的可能。汽修行业的从业人员开始研究如何利用事故车辆，通过骗保赚取更大的利润。这一时期的车险欺诈，是以中小汽修厂的从业人员为主角，惯用手法是利用事故车辆进行二次碰撞、扩大损失或者在定损环节倒换旧件等低技术含量的欺诈方式。这一时期的反欺诈工作主要依靠保险公司理赔人员自身经验和责任心，在查勘定损和审核环节，去识别车险欺诈案件。汽修厂为了与保险公司保持长期的合作关系，对被保险公司识破的骗保手段，往往会主动放弃索赔，极少会采取与保险公司理赔人员正面对抗的方式。因此，这一时期保险公司反欺诈工作难度较小，理赔人员反欺诈意愿比较主动。

7.2.3 成熟期

时间范围是从2010年开始至今，随着中国汽车保有量超过2.14亿辆，我国车险保费年收入达到七千多亿元人民币，每年车险赔款超过三千亿人民币。在巨大的车险赔付市场诱惑下，各种人群纷纷参与到车险欺诈中来，各种新型欺诈手段层出不穷，车险欺诈发生了巨大的变化。汽修厂从业人员不再满足小刮小碰的骗保手段，开始追求获利更高的重大交通事故骗保。为了欺骗保险公司的理赔人员，制造更加真实的交通事故，骗保者会驾驶高档品牌的二手车，在高速公路上主动撞击大货车。由于在涉及第三者人员伤害的交通事故中存在巨大的利益空间，甚至衍生了专门服务于伤者的新职业，被戏称作"人伤黄牛"。"人伤黄牛"在代办伤者的保险索赔过程中，利用真实的人伤交通事故，通过伪造证明文件的方式，几倍甚至十几倍地扩大赔偿金额，进而从中赚取利润。近几年，以骗保为职业的犯罪团伙相继出现，通过蓄意制造保险事故或者虚构保险事故的方式实施保险诈骗，骗保过程中还会采取恶意投诉、威胁恐吓等的极端方式，向保险公司施加压力，给理赔人员反欺诈工作带来了空前的挑战。

7.3 车险欺诈现状

时至今日，车险欺诈呈现出大案化、团伙化和隐蔽化的新的特征，给保险公司识别和打击车险欺诈工作带来了巨大的挑战。

7.3.1 车险欺诈大案化

车险欺诈的大案化与专业欺诈团伙存在时间和作案频度有直接关系。过去以汽修厂从业人员为主的骗保案件，由于事故车辆维修费用总量限制，每次骗保金额从几千元到数万元不等，具有发案频度高、涉案金额小的特点，重大车险骗保案件比较罕见。2013年，山东烟台曝光以某4S店人员为首、多家保险公司理赔人员参与的特大骗保案件，2年多的时间里，该团伙利用4S店客户来厂维修的事故车辆，在客户不知情的情况，通过拼凑手段伪造交通事故，利用事故车辆同一处损伤在多家保险公司重复索赔。后经公安部门查证，该团伙先后作案156起，诈骗保险金额260万元，成为当年震惊中国保险界的特大欺诈案。

短短4年以后，从中国银保监会公开的报道中获悉，由中国银保监会稽查局和公安部经侦局联合督办，山东银保监局配合山东省公安厅破获的一起利用自卸货车故意制造虚假事故、骗取保险金的欺诈案件，在2年的时间里，先后利用112起保险事故诈骗金额高达上亿元。该车险骗保团伙不仅给保险公司造成巨大经济损失，在其他方面也给山东当地保险公司造成了严重的威胁和伤害。在公开报道中，该骗保团伙在实施骗保过程时，通过伪造自卸车的单方事故进行虚假理赔，保险公司在理赔过程中一旦提出异议，该团伙公然采取聚众闹事、堵门、打砸恐吓、跳楼自杀等威吓手段，严重扰乱保险公司正常的办公秩序，甚至出现将保险公司理赔人员关狗笼子，限制人身自由这样恶劣手段，威逼保险公司同意其索赔金额，行径之恶劣、态度之嚣张，在我国近40年的车险发展历程中是罕见的。本案中，仅一个车险诈骗团伙导致保险公司近亿元的直接利润损失，预示着车险欺诈问题再也不是小打小闹、无关痛痒的问题，而是可以决定保险公司当年是盈利还是亏损的一个重要因素。

7.3.2 车险欺诈团伙化

车险欺诈另一个特征是欺诈主体从被保险人获得不当得利驱动实施的单个个体，逐渐发展为有组织的犯罪团伙，且团伙内部人员组成呈现多元化的特征。

以备受社会关注的安徽省灵璧县"尸体骗保"案为例，该职业骗保团伙中有当地医院医生、病人家属、保险公司销售人员和理赔人员、交通警察和辅警。在长达4年的连续犯罪期间，先后作案42起，涉及骗保金额356万元。该犯罪团伙成员背景复杂、分工明确，从医院医生寻找合适的尸源，到保险公司销售人员承保适当的险种、寻找道具车辆，再由社会闲散人员伪造交通事故，保险公司定损人员和事故民警一路出证明、开绿灯顺利完成索赔。从上游到下游，各个环节配合严丝合缝，单个案件极具隐蔽性，因此才有了连续4年不断作案而未被发现的情况。面对由跨行业、跨部门人员组成的职业车险骗保团伙精心设计的骗保案件，保险公司理赔人员不仅存在难以识别的问题，即便有所怀疑，在调查取证过程中也会遇到极大的困难，经常无功而返，打击了理赔人员的反欺诈积极性。

7.3.3 车险欺诈隐蔽化

保险欺诈的隐蔽化是源自投保方与保险方的信息不对称，及信息获得的高成本。在法律视角上，一般以犯罪黑数（Dark Figure of Crime）来度量某一犯罪行为的隐蔽性，国际上保险欺诈被公认为是具有较高犯罪黑数的行为之一。

保险欺诈行为可以出现在保险事故发生前、发生中和发生之后，尤其是事后欺诈，发生在保险合同期限之内，保险事故本身也属于保险责任范围之内。正常的索赔流程中如果理赔人员没有专业的反欺诈经验或者识别技术，很难发现其中隐含的欺诈行为。因为车险本身具有信息不对称属性，骗保者利用信息不对称优势实施保险欺诈十分便利，尤其是在事故车辆维修、第三者人员治疗和伤者评残三个环节中实施保险欺诈的行为，具有很强的专业性和隐蔽性。例如，汽车维修厂可以通过对事故车辆暴力拆解、损坏正常配件、恶意扩大维修工时、使用次品零部件等方式，欺诈车主和保险公司，扩大车辆维修金额。由于汽车维修具有一定的技术壁垒，非该技术领域人士无法识别零部件的真伪，也无法判定维修的合理费用。由于这种车险欺诈手段是隐藏在众多正常理赔的车险案件当中，增加了保险理赔人员发现难度，单靠人工审核的方式难以全部识别。即便保险公司理赔人员识别出来，也只是对虚增部分进行剔除，并不影响案件正常赔付，且对欺诈者而言，没有任何欺诈成本。这种具有低风险、高收益、高隐蔽性的欺诈方式，被汽修厂广泛采用，大大增加了保险公司审核成本，降低了理赔效率。

7.4 车险欺诈类型

车险欺诈具有多种不同表现形式，这对欺诈识别和欺诈的处理提出了很高的要求。为了研究车险理赔人员面对不同欺诈手段而表现出来的反欺诈意愿差异，首先需要对车险欺诈进行分类。本节通过归纳车险欺诈的发案规律，研究不同车险欺诈表现手段，独创了基于产生欺诈的主观意愿时间点与标的车实际事故时间点。根据在时间轴上的不同区间，将车险欺诈类型划分为三个类型：蓄谋已久型（主动型欺诈）、临时起意型（偶发型欺诈）和事后多贪型（机会型欺诈），详见图7-1。

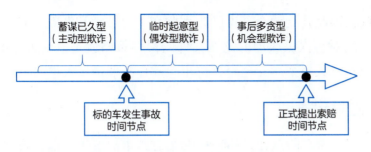

图 7-1　车险欺诈分类方法示意图

7.4.1　蓄谋已久型

蓄谋已久型车险欺诈是指在标的车辆发生事故之前，甚至在对车辆进行投保之前，投保人或被保险人从主观思想上就已经产生了通过欺诈手段骗取保险金的意图，进而通过故意制造保险事故或者放任车辆出险的手段从而达到非法获取保险金为目的的欺诈类型，这类车险欺诈由于是主观故意导致的，因此也叫主动型欺诈。蓄谋已久型的车险欺诈是一种有预谋、有计划、有准备、有组织的恶性欺诈，欺诈者熟悉保险公司理赔流程和标准，善于利用保险公司管理中的漏洞，经过精心准备，通过虚假承保、虚构事故或者故意制造保险事故的手段，骗取保险金。蓄谋已久型欺诈多以团伙形式出现，分工明确，相互配合，保险公司识别难度很大。即使保险公司对发生的欺诈案件有所识别，但是调查起来仍然十分困难。这类欺诈实施者有很强的反侦查能力，知道保险公司常见的调查手段和策略，同时具备很强的心理素质，在实施欺诈的过程中经常采用堵门、闹事、媒体曝光、恶意投诉的方式干扰保险公司的调查工作，造成保险公司反欺诈工作的被动局面。

蓄谋已久型案件的另外一个特征是欺诈金额巨大，与临时起意型和事后多贪型欺诈实施者的心态不同，临时起意型只是想弥补损失，事后多贪型欺诈实施者只是利用保险漏洞占便宜，而蓄谋已久型欺诈实施者出发点就是追求利益最大化，一旦欺诈成功，将会获得高额利益回报。根据我国《刑法》一百九十八条规定，个人进行保险诈骗数额在1万元以上的，已经触及保险诈骗罪的立案标准，构成刑事犯罪。因此，车险中的蓄谋已久型欺诈，大多已经达到构成保险诈骗罪的条件，属于一种触犯《刑法》的经济犯罪。而保险公司由于法律环境的限制，不具备司法调查权，因此独立调查蓄谋已久型欺诈十分被动和低效。对于保险公司来说，应对蓄谋已久型的欺诈案件的最佳策略就是以受害方的角色，及时向公安机关报案，配合警方将车险欺诈犯罪嫌疑人绳之以法。

7.4.2 临时起意型

临时起意型车险欺诈是指在标的车意外事故发生之前，投保人、被保险人或者车辆的实际使用者并未有通过欺诈手段骗取保险金的想法，当发生了非保险责任内的事故，当事人为了弥补事故带来的损失，产生了利用车险理赔中的漏洞，采取欺诈的手段骗取保险金的行为。这类车险欺诈基于一个偶然事件，导致了后续的欺诈行为，因此也称为偶发型欺诈。临时起意型欺诈中造成车辆损失的事故是偶然发生的，没有经过策划和准备，只是造成损失的事故本身或不属于保险责任，或不在保险期限内。正常情况下，车主选择自行承担事故损失，就不会发生车险欺诈行为。但是由于信息不对称的客观存在，在车主或车辆使用者向保险公司报案之前，保险公司无法掌握车辆出险的实际情况，这就给车主一个实施欺诈机会，通过采取各种手段制造假象，隐瞒对车主不利的事实情况，从而达到迷惑保险公司获得赔款的目的。临时起意型欺诈发生的主观原因是车主的法律意识薄弱，抱着侥幸的心态。客观方面，近几年保险业务快速发展，保险市场竞争激烈，理赔人员的业务素质、人员数量无法得到应有的保障，造成前端风险管控执行不到位，也给了临时起意型欺诈得逞的机会。例如，很多车险报案无法做到第一时间查勘现场，导致事故现场很多有利证据没有得到及时固定，后期即使后台审核发现案件有疑点，也因为证据不足，不得不放弃调查。

由于临时起意型欺诈案件的发生，是没有经过事先准备的，很多能够反映事故真实信息的线索和证据，都遗留在事故现场和标的车辆上，实施欺诈者大多是普通车主，之前无欺诈经验，心理素质不强，面对保险公司询问时，难免出现紧张、害怕的情绪，对事故描述也是避重就轻，对于保险公司的调查方法和策略不熟悉，不懂得第一时间掩盖或者销毁证据，给保险公司调查取证留工作留下了空间和时间。因此，临时起意型的欺诈案件，是保险公司依靠理赔员工自身的反欺诈能力，成功拒赔最多的案件类型。针对临时起意型欺诈案件的特点，保险公司最佳策略是第一时间查勘事故车辆和现场情况，通过拍照的方式锁定现场遗留的可以真实反映事故原因和性质的证据，如碰撞痕迹、轮胎印迹、安全气囊的形态、座椅的位置、安全带的位置等，同时通过调查笔录固定驾驶员的陈述并结合查勘情况找到破绽。由于各种痕迹是有很强的时效性的，如安全气囊的形态、轮胎的印记等，如果不能在第一时间加以固定，这些关键证据很容易被破坏，因此理赔人员查勘及时性至关重要，只有保持高度的职业敏锐感和反欺诈意愿，才能在细节中发现欺诈线索，将临时起意型车险欺诈阻挡在保险公司反欺诈体系第一道防线之外。

7.4.3　事后多贪型

事后多贪型车险欺诈是指标的车发生的事故在保险责任范围之内，但是在从事故发生到保险公司支付赔款之前这段时间内，投保人、被保险人、受益人或者与其有利益关联的第三方，如汽修厂从业人员、三者人伤代索赔人员等，不满于正常理赔得到的赔偿金额，从而采取各种欺诈手段，恶意扩大索赔金额的欺诈行为。这类车险欺诈是基于一个正常的案件，但是处理过程中，由于理赔过程中产生渗漏点，给欺诈者一个牟利的机会，因此也称为机会型欺诈。事后多贪型欺诈的实施者同样基于信息不对称原理，利用各自的信息优势，通过各种手段，在事故原有的损失基础上扩大索赔金额，赚取正常赔付金额之间的差价。因为事后多贪型欺诈利用的是合法的保险合同，欺诈也是利用属于保险责任的正常保险事故，因此更具隐蔽性。以最常见的三者人伤理赔渗漏为例，伤者或其家属、代理人可能会提供虚假个人户籍或收入证明，以提高死亡、伤残、赡养费、被扶养人生活费、误工费、护理费等理赔项目的赔偿标准；要求医院提供虚假住院证明，以此虚报误工天数、骗取住院伙食补助费等理赔项目；住院期间购买与保险事故无关的高价药品混入用药明细，一并向保险公司索赔等。保险公司目前医药审核还是依靠人工审核方式，人工审核受到人员专业技能不足、工作态度消极等各种因素的影响，很多隐藏在正常赔偿凭证下面的虚增凭证很难被发现，即使被发现，也存在核对困难的问题，最终造成保险公司的超额赔付。

同时，此类型保险欺诈即使被保险公司识别和发现，保险公司也只剔除虚增的部分损失，正常赔付部分仍然需要赔偿。同时，由于每次虚增金额不大，并不能达到触发《刑法》的标准，保险公司只能依靠自身力量解决。因此，对于欺诈实施者来说，欺诈付出的成本低，几乎不会遭到惩罚，这种只有获利可能而无损失可能的机会，对于欺诈者来说，是难以抗拒的。

2022年初笔者与某大型保险公司针对2021年车险理赔防渗漏工作进行交流，其中已经破获的蓄谋已久型欺诈的减损金额占全年定核损总金额的3%～5%，而识别并成功扣减事后多贪型欺诈的减损金额占比为17%～20%。从全年的样本数据看，事后多贪型欺诈造成的经济损失要远大于主动型欺诈。事后多贪型欺诈造成的理赔渗漏集中在车辆维修、人伤医疗、损失鉴定、索赔代理等第三方服务机构。例如，车辆修理厂向保险公司报送的维修明细，经常会故意包含不属于损失车辆款型的高价配件、实际更换配件以次充好、重复定损总成件已包含的零部件、虚报并抬高维修工时等情况；人伤鉴定机构与伤者合谋，夸大伤情、评定高级别伤残等级；针对机构网点不全的中小型保险公司，道路救援机构对异地出险车辆施救、拖车漫天要价；索赔代理人以真实发生的人伤案件为基础，利用保险公司理赔流程及风控漏洞，通过开具各类虚假证明、提供各类假发票从保险公司违法获取高额赔款。以上多数理赔渗漏情形，按照目前国内的法律法规很难取证和定性为欺诈犯罪，其导致的理赔渗漏最为严重，因此对事后多贪型欺诈的管控将成为保险理赔反欺诈重点工作。

7.5　保险反欺诈识别技术的发展

7.5.1　识别保险欺诈方法

根据《反保险欺诈指引》的要求，保险公司承担着反保险欺诈工作的主体职责，目前保险公司发现和识别保险欺诈的手段有以下三种：

（1）外部渠道

保险公司可以通过外部渠道获取欺诈线索，识别自身发生的欺诈案件。主要渠道有通过中银保信反欺诈中心或者各地市保险行业协会定期推动的行业反欺诈线索，发现疑似欺诈案件。同业保险公司在调查已发现欺诈案件时，通过案件串并，通知案件涉及其他保险同业主体发现疑似欺诈案件。另外一个渠道是，通过知情者主动提供的举报线索，对线索进行调查核实，以此发现识别疑似欺诈案件。

（2）专家经验

在日常保险业务处理过程中，依靠业务经办人员的经验、责任心和洞察力，发现异常案件，进而开展深入调查，从而发现识别欺诈案件，这也是早期保险主体识别欺诈的主要方式。

（3）保险风控科技

伴随着保险科技的不断发展，各家保险主体对保险风控科技的投入不断提升，风控模型、风控规则引擎、大数据社会网络分析方法（SNA）技术等先进的风控科技已经与保险公司业务核心系统融合，在日常保险业务过程实现自动化识别疑似欺诈案件，并给出风险提示。保险风控科技是目前保险主体识别保险欺诈最主要的手段。下一节将对保险风控科技做详细介绍。

7.5.2 保险反欺诈科技的演变

系统、模型、风控系统等名词成为车险反欺诈领域的热点名词，车险智能识别技术在近几年得到快速发展，具体表现如下：

（1）**由人员技能向系统智能转变**

就保险公司而言，如何防范和抵御保险欺诈，主要取决于自身的反欺诈能力。传统的反欺诈主要依托理赔人员的责任心和工作技能，但是随着反欺诈难度的不断加大，单纯以理赔人员为主导的反欺诈模式既费时又费力，而且反欺诈成效难以保证。行业需要探索新的保险反欺诈技术，弥补单纯依赖人力的不足。

最近几年，国内保险行业越来越重视智能系统建设，依靠技术手段管控理赔风险，开展车险理赔防渗漏工作。国内保险公司管理理念的转变，吸引了数家外资科技公司来我国开展相关业务，如CCC（美国）、FICO（美国）、德联易控（德国）等；同时，国内主营相关业务的科技公司，如精励联讯、凯泰铭、般若科技、中科软、智信达等公司也在迅速崛起。蚂蚁金服今年也陆续推出了"车险分"和"定损宝",力图拓展相关业务。随着智能系统的普及应用,已经有保险公司开始将大多数理赔人员由技术序列转为操作序列,重点依靠技术手段识别并管控车险理赔渗漏风险。

(2) 由粗放管理向风险细分的转变

以往,各保险公司理赔防渗漏管理相对粗放,通常以理赔金额大小为主导,分配给对应管理资质的理赔人员进行审核;为提高理赔效率,重点针对小额案件单独开辟"绿色通道",简化理赔流程。

目前,在智能系统普及的基础上,多数保险公司已经实现智能化的理赔风险识别,以风险评分、评级和理赔标的类别为主导,由智能理赔系统自动分配案件给对应专业的理赔人员处理;以案件风险为依据,将低风险案件交由智能理赔系统自动化高效处理。

(3) 由公司个体防控向行业整体防控的转变

以往,国内理赔防渗漏工作由保险公司以各自内部业务为基础自行开展。各保险公司一线理赔人员很少进行沟通交流,通常只在涉及跨公司标的交叉赔付的情况下,为达成一致的定核损意见,才会产生车险理赔防渗漏的业务交集。这种以公司个体风险防控为主的模式,无法有效识别和防范跨公司欺诈的行业性风险,导致大量跨公司欺诈等理赔渗漏风险产生,所以必须建立行业级别反欺诈数据平台。

7.5.3 保险反欺诈模型介绍

基于欺诈案件的风险因子和大数据支持,再经过一定的数据处理,就可以建立反欺诈模型。反欺诈模型建立后,就可以形成一个闭环式的案件循环处理系统,如图7-2所示。

闭环式案件循环处理系统主要有四个处理环节:一是对日常处理的欺诈案件进行综合分析,提炼出欺诈案件风险因子;二是根据提炼的风险因子,设立数理识别模型,实现风险状况量化处理;三是将日常处理案件导入识别模型,经过一定的数理运算,识别出疑似欺诈案件并进行验证处理;四是根据新的欺诈案件风险状况提炼新的风险因子,不断丰富反欺诈模型,如此循环往复。

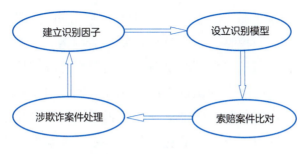

图7-2　欺诈模型闭环

（1）保险欺诈的风险因子

对车险理赔大数据进行分析，结合反欺诈工作实际，可以总结出车险欺诈的主要风险因子，这是建立反欺诈模型的重要依据。就目前车险市场状况而言，保险公司常用的车险欺诈风险因子主要包含小碰撞却产生大损失、车辆损失与报告的交通事故无关、被保险人购买的是最新型的汽车、出险车辆是破旧老车、出险时间离保险起讫较近、短期内车辆连续出险多次、出险时间是夜间、报案人与驾驶员不一致、车辆多次出险但驾驶员不同、车辆批增险种后出险、同一报案电话涉及不同的出险车辆、非被保险人代报案、代领赔款等近40种。

这些风险因子大部分都是定性因子，要将其代入反欺诈模型，关键是要把定性因子合理地转化为定量因子。在数据转化过程中，要重点关注以下几点：一是风险因子的定量分析直接影响风险结果，需要专业人员科学评估并反复验证；二是数据转化过程中既要保证重要信息占一定权重，又不能为了突出某一方面的风险，而弱化了其他风险。例如，不能因为过于关注案件是否夜间出险，而忽略了车型老旧等风险因素。

车险欺诈风险因子会随着保险市场环境、公司经营管理状况以及国家法律法规和诚信体系建设进程而改变，不同时期有不同特征，而且各地区由于民风民俗和地理环境等不同，也有较大差异。所以，设定风险因子不能"一刀切"，而应结合公司实际情况，因时因地而定。

（2）回归模型

最早的欺诈风险识别主要集中在统计回归工具的应用上，如probit模型、logit模型，它们是最早的反欺诈模型。保险欺诈识别最初是以统计方法为主，识别的核心思想是"模型与回归分析"，即根据给定的保险索赔案件建立回归模型、找出欺诈识别的关键指标，并赋予这些指标相应权重，以此来指导保险理赔实务中对索赔案件的审核。

虽然回归方法在欺诈的识别中已经比较成熟，但是保险险种之间的差异以及保险欺诈手段的多样性，往往使得单一的识别技术受到很大限制，因此各种统计识别方法并非相互替代关系，而是处于交叉互补的状态。欺诈的性质决定着欺诈识别工具的选择，例如，保险欺诈有原生性的，有诱致性的，也有投机性的；欺诈的预警指标可能是与被保险人相关的数据，也可能是与被保险车辆相关的数据；欺诈可能是单一的，也可能是合谋的。所以试图用一种识别方法去准确识别所有类型的欺诈是不现实的，更多的情况下，是以一种识别方法为主、以其他的识别方法为辅，共同识别和验证保险欺诈。

(3) 神经网络

20世纪90年代末至21世纪初，通过进一步扩展模型参数和识别因子，一些功能强大的反欺诈模型相继出现，如决策树模型等，尤其是从理论模拟走向实践应用的神经网络技术。

近年来保险欺诈识别研究上的重要进展就是人工智能技术的引入，它是研究、开发用于模拟、延伸和扩展人的智能的理论、方法、技术及应用系统的一门新的技术科学。从学科分类来说，人工智能属于计算机科学的一个分支，它企图了解智能的实质，并产生一种新的能以人类智能相似的方式做出反应的智能机器。人工智能技术的应用包括语言识别、图像识别、模式识别、专家系统等。

采用神经网络进行欺诈识别，其结果并不是获得欺诈识别的指标体系，也不是进行索赔指标的有效性检验，而是获得某一输入索赔案例的疑似欺诈概率值。

在保险欺诈识别的神经网络模型中，当输入索赔资料后，系统会以目前信息的权重计算相对应的欺诈预测值及误差，再将误差值回馈到系统中调整权重，经过不断地重复调整，使预测值渐渐逼近真实值。这种动态非统计模型方法是一种依循经验来推理的方法，就是以过去发生的保险欺诈案例为主要经验，通过相似度推演来判断目前索赔可能是欺诈索赔的概率。当输入一个新的索赔案件到案例推理法系统后，系统会从现有的案例库中搜寻相似的案例，判断新案例是否为欺诈，其关键步骤就是根据相似性演算法测算出案例之间距离，再转变为案例之间的相似度，由相似度选取最相近的案例，据此进行推理判断。

神经网络的运算过程具有"黑盒子"特性，过程不可逆，结果不可解释。因此对于保险理赔人员的指导作用有限。车险反欺诈模型可以帮助我们有效识别欺诈案件，但是案件风险点和真实性还需要人工确认。车险反欺诈模型不能成为提高理赔效率的羁绊，更不能因风险认定错误而影响了客户服务水平。所以，快速准确地锁定欺诈案件及其主要风险点，逐案生成赔案审核报告，应是车险反欺诈模型的一项基本功能。

车险反欺诈模型以准确、完整的理赔基础数据为运行条件，如果基础数据质量不高，可能无法有效识别风险。所以，应对此类案件设置较高的风险分值。这是一个相互作用、互为推动的过程。较高的风险分值会促使理赔人员规范理赔操作，尤其对于一些关键信息，可以设置为强制必录字段。理赔操作规范了，就会将一部分风险控制在前端，理赔管理水平自然也随之提高，这是建立车险反欺诈模型的终极要求。

7.5.4　保险反欺诈规则引擎介绍

在车险反欺诈风控系统中，另外一个重要的技术是规则引擎，它将规则匹配与应用程序分离，且在有大量数据和规则的情况下具有较好的执行效率。将规则引擎应用于反欺诈系统中，有助于提升系统的扩展性、实现规则的快速更新。

规则引擎起源于基于规则的专家系统，用来模拟人的行为以进行决策，能将业务决策从应用程序中分离出来。规则引擎通常包括三个部分：规则库、事实集与推理引擎。

规则库：存储各类模拟人类求解问题的规则。

事实集：又叫工作空间，存储了用于规则匹配的事实，包括初始事实与执行过程中产生的新事实。

推理引擎：将事实与规则相匹配，决定是否触发规则、触发哪些规则以及何时执行动作。推理引擎是规则引擎的核心部分，决定了规则引擎的工作效率，如图7-3所示。

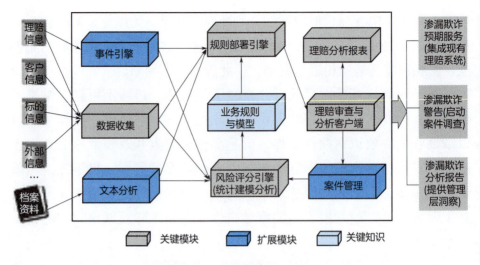

图 7-3 规则引擎示意图

7.5.5 保险反欺诈SNA社交网络介绍

无论是规则还是模型，都是针对个案的识别技术。车险理赔的欺诈也从贪小便宜的偶发个案逐渐演变成团伙欺诈、异业联盟的集团性犯罪，欺诈案件呈团伙化趋势。现阶段的保险欺诈分工更细、专业性更高，呈团伙化作案趋势，也就是业内所说的串谋欺诈。就车险欺诈案件而言，其可能会涉及被保险人、维修厂、医疗机构等多个串谋方，甚至保险公司员工、公安机关也会参与其中。这类欺诈的危害程度越发严重，对团伙欺诈的风险管控需求凸显，如图7-4所示。

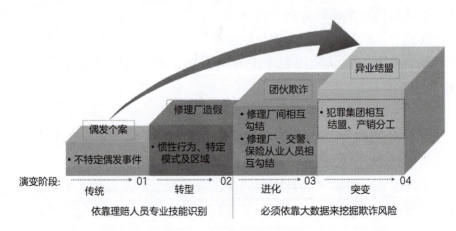

图 7-4 车险欺诈发展变化

过去我们靠人，利用理赔人的经验、技能和责任心去做。但是随着车险欺诈手段的不断进化，靠人力明显力不从心了。过去车险欺诈从贪小便宜的偶发个案逐渐演变成团伙欺诈、异业联盟的集团性犯罪，危害程度越发严重，对团伙欺诈的风险风控需求凸显。过去依靠理赔人员专业技能识别欺诈，现在必须靠大数据挖掘欺诈风险。

对保险公司而言，海量的已决案件就是一种大数据。过去，这些已经赔过钱的案件，都躺在保险公司的档案管理室"睡大觉"。现在，利用社交网络技术，可以将个案金额小、涉案件数多、涉案总金额大的团伙欺诈风险案件关联起来。过去看起来没有联系的两笔案件，在SNA分析之下，就可以很直观地看到其中各种联系，形成一个个有意思的"关系网"。

有了这些关系网，接下来就是对关系网进行逐一分析。通过关联性数据进行织网，并通过视图化分析界面展示高欺诈风险团伙主体，凸显关键关联点。欺诈团伙惯用的欺诈手段，在可视化图形中一览无余。例如同一车辆多次出险，利用道具车作为标的或三者车多次出险，故意碰撞，多起事故车辆损失程度相同、相同驾驶员同一地点多次出险，等等。

目前在车险已、未决案件的排查中，包括单、双方、多方交通事故，人伤、物损案件，均可应用SNA排查是否存在团伙作案。"有人的地方就有江湖，有江湖的地方就可用SNA"。

首先明确一点，SNA针对的是团伙作案，"独狼"型诈保分子不在其研究的范畴。其次要明确的是，保险欺诈团伙与微博、Twitter等社交网络构成不同。后者仅由人构成，而前者除了人以外，至少还包括车。也就是说，我们面对的是一个多维度的社交网络。明确了这两点，我们来看如何应用SNA梳理并分析这个网络。先建立一个保险欺诈团伙模型，分析研究一下诈保团伙的业务模式。从诈保团伙的角度看，如何实施保险诈骗、一个诈保团伙（一个群体）需要哪些组成因子（节点），剔除掉所有不关键因素后，还能剩下的必然是诈保团伙运转的必要条件，即是诈保团伙的"核心竞争力"。模型中，一个诈保团伙必备的因子有以下几种：

① 毋庸置疑，人是一个诈保团伙的基础因子，是构成诈保团伙的

充分必要条件，也是车险理赔反欺诈场景中必备的第一个因子。

报案电话需要人来拨打，事故车辆需要人去驾驶，索赔申请书需要人去签字，骗到手的赔款也需要人去银行领取。不同的人在团伙中扮演了不同的角色，而这些人在团伙中具备相同的属性——一旦参与了保险欺诈，这个人就是团伙（群体）中的一个节点。既然是团伙作案，成员之间存在分工协作的关系，这个人（节点）必然会与其他节点发生联系（节点之间的关系）。通过人的聚集和不同人之间的联系，我们现在得到了SNA的两个基础组成部分：节点（团伙成员）和边（成员之间的关系）。一个理想化网络模型如图7-5所示。我们的目的是从这些人当中分析，哪些人构成了一个团伙。

图7-5 人的节点

② 作为车险理赔反欺诈场景中，必不可少的第二个因子，车在保险公司角度是作为保险标的存在，而在欺诈团伙角度，是作为必备的作案工具存在，如图7-6所示。

图7-6 人与车的节点

③ 电话号码是第三个因子。当今社会，人的种种社会行为都已经离不开手机，社交、工作、休闲、三餐大部分都要依靠手机来传递信息、获取信息。基于手机与人的这种高度绑定，手机号也成了几乎等同于身份证号的存在。在保险索赔行为中，报案、联络、身份认证均依靠手机（号）开展，故而我们要在模型中加入手机，如图7-7所示。

在社交网络的运用上，几家大的保险公司，如人保、平安、太平洋、大地等，由于自身业务体量足够大，可以通过社交网络挖掘出非常

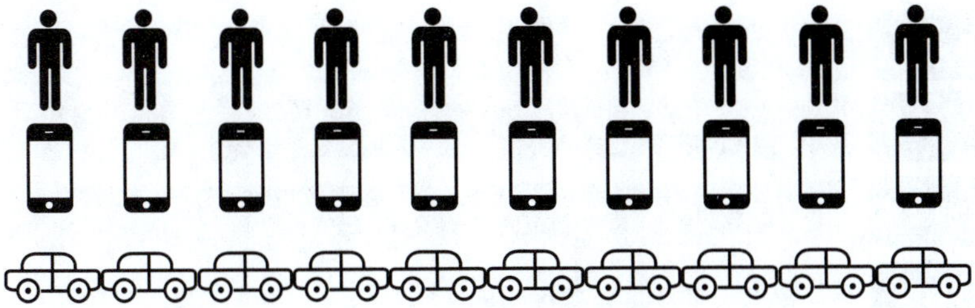

图 7-7　人、车与手机号的节点

有价值的案件。例如，浙江人保就利用大数据分析，成功打掉一重大碰瓷团伙，检察院批捕14人，涉及550多起案件，总金额490多万元。这不仅仅维护了保险公司自身的利益，也净化了社会法治环境，维护了广大车主的出行安全。

7.6　新能源汽车数据反欺诈应用

相较于传统燃油汽车保险反欺诈，新能源汽车保险有一个先天大数据应用优势。北京理工大学主持编制了国家标准GB/T 32960（图7-8），建设了"新能源汽车国家监测与管理平台"。平台具备百万辆级新能源汽车同步监控与管理能力，可以真实可靠地获得新能源汽车"产、售、购、役"等相关数据，为新能源汽车技术与科学研究、行业政策制定、动态安全管理、产业合理布局、财政补贴发放提供了数据支撑。

电动车辆国家工程研究中心前身是电动车辆国家工程实验室，2021年经国家发改委批准优化改制成立，是国内最早从事电动车辆研究的单位。早在20世纪50年代末，中心就开始引进苏联制造的电传动军用车辆进行电传动研究工作。从1992年开始参加原国防科工委组织的电动车辆研究开发工作。自国家"八五"计划以来，一直得到国家的重点支持，在电动车辆科研、产业化和示范运行方面积累了丰富的研究成果，同时在电驱动技术方面有着深厚的研究基础，是国家863计划驱动电机授权检测基地；成功研制了纯电动旅游客车、纯电动低地板公交客车、

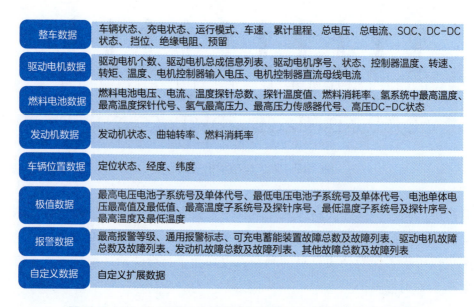

图7-8 GB/T 32960电动汽车远程服务与管理系统技术规范

混合动力电动旅游客车、燃料电池汽车、纯电动轿车等共20余种电动车辆整车,其中10种整车产品列入我国国家汽车产品公告;开发了续流增磁电机及其控制器、一体化电驱动机械式自动变速系统、支持快速更换的标准化电池系统等具有自主知识产权的电动汽车关键零部件产品。

为推动电动车辆技术成果转化,依托于北京理工大学电动车辆国家工程研究中心,成立了两家学科性公司。2010年7月成立了北京理工华创电动车技术有限公司,其业务范围包括电动车辆整车及关键零部件开发、测试和生产、提供先进的电动车辆动力系统平台及关键部件、节能与新能源汽车技术咨询和运营保障服务等。2015年12月成立了北京理工新源信息科技有限公司,是专注于新能源汽车车联网平台建设及大数据挖掘与应用的高新技术企业,与北京理工大学共同承担了工信部"新能源汽车国家监测与管理平台"的建设工作,以新能源汽车+互联网+大数据为核心业务,致力于打造新能源汽车多源大数据汇聚与服务平台,构建新能源汽车数字经济生态,创造汽车网联大数据价值,是国内领先的车联网大数据平台建设和数据智能决策服务商。

新能源电池数据在保险方面的应用有着广阔的市场前景,目前与多家保险科技公司合作,基于对新能源汽车车联网大数据的加工,为保险公司提供承保前车辆健康状况评估，及时发现潜在风险，出险后第一时间提供车辆故障信息和驾驶特征信息，便于保险公司发挥事前、事中的前置性风险管理功能，提高经营管理效率。目前已经可以实现面向保险行业的新能源汽车反保险欺诈数据查询验证功能。在机动车辆保险关键业务环节向保险公司提供旨在帮助其评估保险事故发生真实性、损失原因以及风险发生频率及损失程度方面的验证服务。

根据不同案件场景，提供精确、唯一的实时数据比对信息和符合新能源汽车特性的作业指引，减少人为主观判断依赖，提高案件处理客观性和时效性，降低案件理赔审核处理作业成本，详见表7-1。

表7-1 新能源数据与反欺诈场景

序号	风险场景	解决方案描述
1	先出险后投保	通过平台记载的车辆故障时间、运行数据等信息与投保时间进行比对
2	伪造事故现场	通过平台记载的车辆行驶轨迹、滞留时间、故障时间、踏板信息等信息和报案信息进行比对分析
3	故意扩大损失	通过平台记载的车辆出险前、出险时的故障信息等与现场查勘定损时的实际故障进行比对
4	出险后换驾行为	通过平台记载的车辆行驶轨迹、行驶时间、充电信息等与报案车辆驾驶人员进行信息比对分析
5	水淹车核实	通过平台记载的车辆行驶轨迹、行驶速度、踏板信息等进行比对分析
6	重复报案	通过平台记载的故障信息等比对

针对新能源汽车私家车从事网约车识别难的痛点，基于营运车的使用特征，评估新能源乘用车从事营运的概率，协助保险公司改善承保质量，提升保费充足度。以日均行驶里程、日均行驶时长等基本维度为特征，评估这些特征与营运车的相似程度。根据模型预测对网约车的概率进行分组，组间赔付率区分度（最高赔付率与最低赔付率之比）达2.6倍，组间出险率区分度（最高出险率与最低赔付率之比）达3.3倍，详见图7-9。

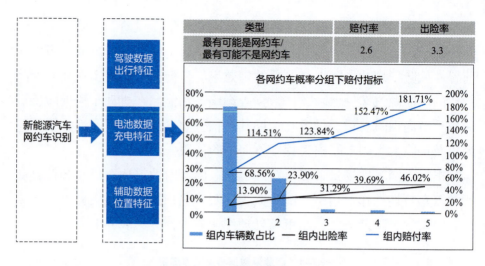

图7-9 新能源网约车识别

参考文献

[1] 中国汽车技术研究中心有限公司，中国银行保险信息技术管理有限公司.中国汽车与保险大数据发展报告（2021）[M].北京：社会科学文献出版社，2021.

[2] 周莎丽.中国汽车保险市场研究[D].武汉：武汉理工大学，2007.

[3] 赵长利，李景芝.汽车保险与理赔[M].北京：机械工业出版社，2021.

[4] 赵长利，李景芝.汽车保险理赔[M].4版.北京：机械工业出版社，2020.

[5] 易伟.教你索赔交强险[M].北京：机械工业出版社，2009.

[6] 中华人民共和国国家统计局.中国统计年鉴[M].北京：中国统计出版社，2021.

[7] 中国银行保险监督管理委员会.保险年鉴[M].北京：中国保险年鉴社，2021.

[8] 瑞佩尔.新能源汽车结构与原理全彩图解[M].北京：化学工业出版社，2018.

[9] 崔胜民.一本书读懂新能源汽车[M].北京：化学工业出版社，2019.

[10] 胡欢贵.新能源汽车高压及电控系统电路彩色图解[M].北京：机械工业出版社，2019.

[11] 韩小潮.电子诊断技术在新能源汽车维修中的运用[J].时代汽车，2023（05）：178-180.

[12] 相象文.新能源汽车事故查勘定损存在问题与对策研究[J].内燃机与配件，2022（18）：75-77.

[13] 屈信明.专属保险为消费者提供优质保障[N].人民日报，2023-02-13（018）.

[14] 袁阳，乔立群.关于新能源车险发展的几点思考[J].黑龙江金融，2022（07）：67-69.

[15] 董勤，于放.碳中和背景下新能源汽车产业发展研究[J].中国集体经济，2022（18）：15-17.

[16] 高金燕，晏莉，刘昭.新能源汽车大数据应用的投资机会前瞻研究[J].汽车工程学报，2022，12（03）：236-243.

[17] 王方琪.车企瞄准新能源汽车保险[N].中国银行保险报，2022-05-12（006）.

[18] 郭秀平，冯峰.新能源汽车保险发展的现状[J].理财，2022（05）：42-44.

[19] 黄婕.保险业助力碳达峰碳中和路径研究[D].成都：西南财经大学，2022.

[20] 王梦梦，范长川.百姓新能源汽车专属保险认知及参与情况调查[J].金融博览（财富），2022（03）：78-80.

[21] 傅若兰，谢飞，李超.新能源汽车保险市场及专属保险产品研究[J].保险理论与实践，2022（01）：90-103.

[22] 刘旭颖.新能源汽车专险解决行业"痛点"[N].国际商报，2022-01-10（005）.

[23] 聂帅，李艳.新能源汽车保险创新研究[J].保险理论与实践，2021（07）：47-64.

[24] 孙本亮.当前新能源汽车保险问题研究[J].今日财富,2021(06):38-39.

[25] 宋春雨.我国新能源汽车保险问题研究[D].沈阳:辽宁大学,2020.

[26] 许闲.新能源汽车的风险与保险分析(上)[J].中国保险,2019(08):24-27.

[27] 许闲.新能源汽车的风险与保险分析(下)[J].中国保险,2019(09):21-24.

[28] 范利红.我国新能源汽车保险现状、存在问题及对策研究[J].内燃机与配件,2018(24):155-156.

[29] 林壮婷,徐佳宁,林森慧,等.UBI在新能源汽车中的应用研究[J].时代汽车,2023(05):94-99.

[30] 魏文强.碳中和背景下新能源汽车产业发展研究[J].时代汽车,2023(06):87-89.